CB031994

Victor Belart

CIDADE PIRATA

Carnaval de rua, coletivos culturais e o Centro do Rio de Janeiro (2010-2020)

 TEMPORADA

Diretor Editorial | Gustavo Abreu
Diretor Administrativo | Júnior Gaudereto
Diretor Financeiro | Cláudio Macedo
Logística | Vinícius Santiago
Comunicação e Marketing | Giulia Staar
Assistente Editorial | Matteos Moreno e Sarah Júlia Guerra
Designer Editorial | Gustavo Zeferino e Luís Otávio Ferreira
Capa | Gustavo Zeferino
Revisão | Daniel Rodrigues Aurélio
Diagramação | Isabela Brandão
Foto da capa | Mateus Nagem
Fotos | Victor Belart e colaboradores
Foto da página 1 | Rodrigo Ferdinand
Foto da página 110 | Anna Carolina Magalhães

Dados Internacionais de Catalogação na Publicação (CIP) de acordo com ISBD

B426c	Belart, Victor
	Cidade Pirata: Carnaval de rua, coletivos culturais e o Centro do Rio de Janeiro (2010-2020) / Victor Belart. - Belo Horizonte, MG : Letramento ; Temporada, 2021. 202 p. ; 15,5cm x 22,5cm.
	Inclui bibliografia. ISBN: 978-65-5932-051-6
	1. Jornalístico. 2. Narrativo. I. Título.
2021-2369	CDD 070.43 CDU 070.4

Elaborado por Vagner Rodolfo da Silva - CRB-8/9410

Índice para catálogo sistemático:
1. Jornalístico 070.43
2. Jornalístico 070.4

Belo Horizonte - MG
Rua Magnólia, 1086
Bairro Caiçara
CEP 30770-020
Fone 31 3327-5771
contato@editoraletramento.com.br
editoraletramento.com.br
casadodireito.com

Temporada é o selo de novos autores do
Grupo Editorial Letramento

"Quando conheci esse Carnaval mais recente,
aquilo tudo que eu fazia nos anos 70, num
determinado momento eu voltei a fazer."

– Ronaldo Bastos, folião, compositor e um dos integrantes
do lendário coletivo artístico-carnavalesco Nuvem Cigana.

AGRADECIMENTOS

Ao concluir este longo e prazeroso trabalho, agradeço ao CNPq pelo apoio fundamental que mudou o rumo da pesquisa. Agradeço aos meus pais que desde criança me ensinaram sobre a beleza da rua. Especialmente agradeço à minha orientadora Cíntia Sanmartin Fernandes pelo acompanhamento, atenção e ensinamentos desde o princípio do mestrado. Novamente também agradeço ao trabalho da mesma e do professor Micael Herschmann nas ruas da minha cidade. Agradeço aos artistas e festeiros de rua e da rua. São eles os músicos, ambulantes, foliões, garis e toda essa gente criativa que faz festa e batalha no espaço público. Agradeço também aos meus familiares e aos amigos que fiz em todos esses anos trabalhando, ocupando, insistindo na cultura de rua como causa e modo de vida.

Minha gratidão aos que me direcionaram caminhos neste universo acadêmico. Agradeço à professora Jhessica Reia e ao professor Ricardo Freitas pelo apoio e atenciosos apontamentos na banca. Aos colegas mais antigos do programa, professores e funcionários da UERJ, e aos amigos Rodrigo Ferdinand e Mateus Nagem pelas imagens abrem o livro. Ao Diogo Belart, Crystal Vieira, Andressa Cabral e Igor Lacerda pela parceria e escuta. Especialmente agradeço também aos amigos que gentilmente colaboraram no financiamento coletivo deste livro, são eles:

Rafael Augusto, Guilherme Andrade, Maria Cristina Mitsuko Peres, David Coelho, Eduardo Pascottini de Aguiar, Beatriz Lobo, Julio Barroso, Marcela Richa, Ioneide Maciel, Fabiano Lacombe, Bruno Kovachy, Cintya Vieira, Fábio Grotz, Fernando Cirone, Izabel Mesquita, Alexandre Pereira Nunes, Manoela Pádua, Vera Bandeira, Gabriel Ruiz, Bruna Lanza, Marlen Couto, Eliza Gurgel, Sheila Crespo, Fred Rocha, Raiza Albuquerque, Luiz Antônio Pereira da Costa, Julia Lobato Mota, Marcos Quental, Vinicius Henriques, Pedro Rajão, Flavia Massa, Anna Carolina Magalhães,

Johanna Thomé de Souza, Julia Medina, Pierre Belart, Richard Victor Nunes, Lucimara Rett, Dominique Belart, Ana Cristina Carvalho, Mariana Gaio, Diogo Pimentel, Carolina Junqueira de Rezende, Cíntia Sanmartin Fernandes, Marcelo Guimarães, Pedro Nabuco, Cilas Nascimento Sousa, João Suprani, Isabel Figueiredo, Angelo Gagliardi, Gabriela Cleveston Gelain, Fernando Weltri, Roberto Carneiro Baptista, Marcelo de Medeiros Reis Filho, Ana Beatriz Rangel, Maíra de Oliveira, Natalia Franz, Caio Maia, Julia Chacur, Fernanda Elouise Budag, Gustavo Colombo, Rodrigo Morelato, Victor Oliveira, Ana Carolina Gomes da Silva, Pedro Carneiro e Bruno "Mais" Gonçalves Pinto.

Por fim, dedico este livro, que é oriundo de uma conclusão de pós-graduação, aos amigos e pessoas que não tiveram matrícula e formação com título de superior, mas que nos ensinam diariamente através de sua genialidade e potência de vida.

Este livro é uma adaptação da dissertação de mestrado de Victor Belart intitulada "Cidade pós-Olímpica: o Carnaval Pirata e as reformas do Centro do Rio de Janeiro". O trabalho original foi apresentado e aprovado no Programa de Pós-Graduação em Comunicação da UERJ em fevereiro de 2020 em banca formada pelos pesquisadores Cintia Sanmartin Fernandes (UERJ), Ricardo Ferreira Freitas (UERJ) e Jhessica Reia (McGill University). Original: BELART, V. Cidade pós-Olímpica: o Carnaval Pirata e as reformas do Centro do Rio de Janeiro – Programa de Pós-Graduação em Comunicação, Universidade Estado do Rio de Janeiro, Rio de Janeiro, 2020. O trabalho contou com apoio do Conselho Nacional de Desenvolvimento Científico e Tecnológico – CNPq.

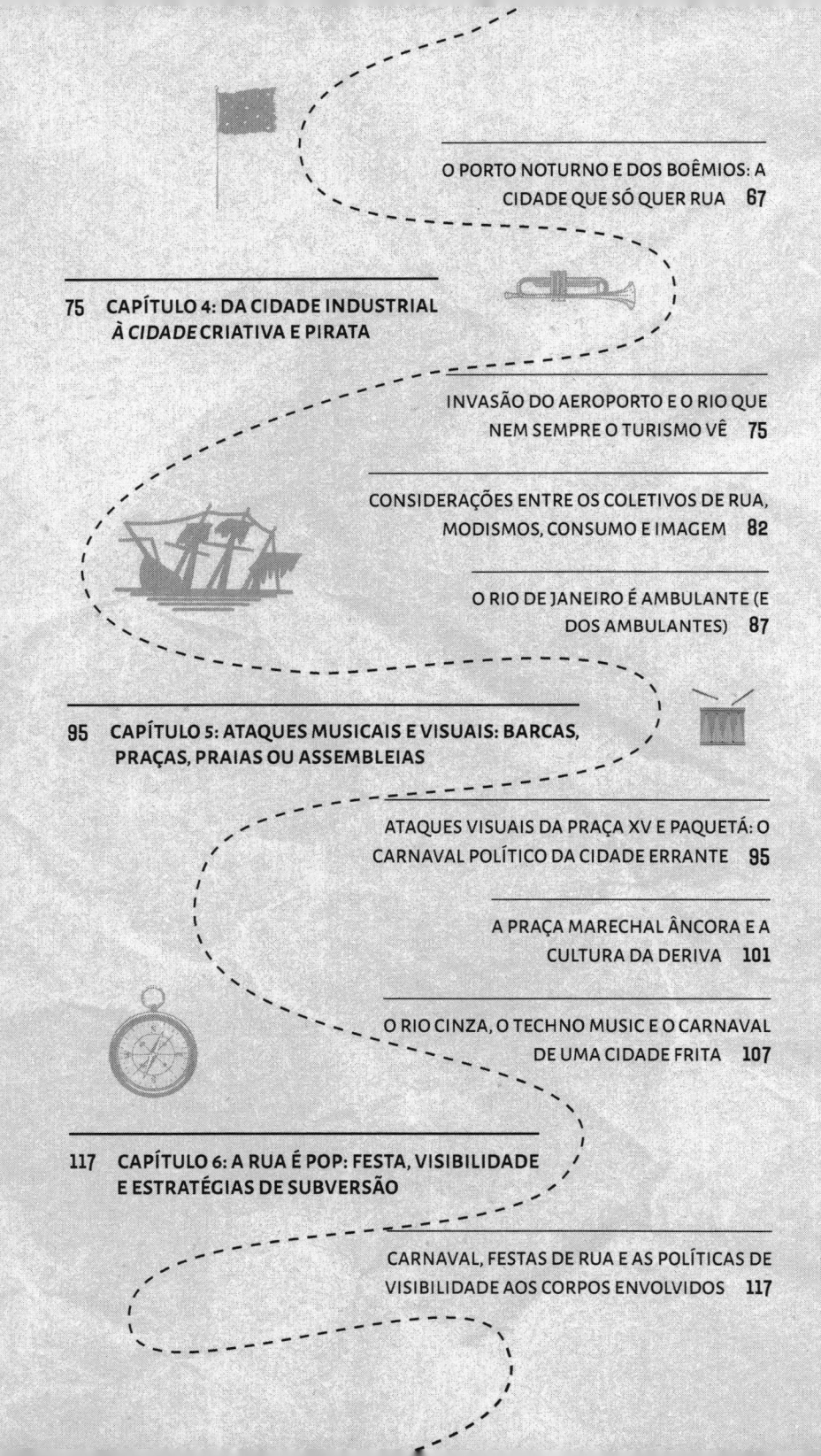

O QUE É SER PIRATA?

Esta não é uma pesquisa estritamente sobre comunicação, cidade e Carnaval. Investiga-se também afetos, histórias e formas de expressão. Uma relação de amor: sensível, intensa e energética entre grupos de cariocas e as mutações de sua cidade. Música, festa, jornalismo, design, publicidade, psicologia, turismo, história, geografia e arquitetura são algumas das questões que fazem parte de nosso universo simbólico. Parte da população dando vida à metrópole. Suas imagens e seu jeito de consumir, ver e viver aquele espaço de forma também política e cidadã.

A cidade anterior à crise da COVID-19 e onde já se entendia o valor da vida ao ar livre, do contato próximo, das multidões. Fala-se do corpo de uma capital em diáspora, transformada e repleta de cicatrizes. Ao lado dela, uma população que reinventa o lugar onde vive e insiste em experienciar e se reconhecer por ele. Trata-se da comunicação urbana. Acima de tudo, ela pode refletir aquilo que uma cidade sente e de que forma ela se expressa. Neste livro, essas questões se apresentam, acima de tudo, através da festa, enquanto potência de criação e de vida. O recorte tem uma perspectiva pessoal entre vivências, pesquisas e errâncias pelo Rio.

Para começar, é também preciso falar de um passado recente. Me chamo Victor Belart. Antes de iniciar esta investigação acadêmica, estive por muitos anos trabalhando como produtor nas ruas e investigando e vivendo a cidade informalmente em seus espaços públicos através música, da cultura e da ocupação da rua. Coletivamente. Isso acontecia numa época turbulenta.

Éramos muitos, a maioria jovens e desconfiávamos de tudo que vinha acontecendo entre reformas e remoções de casas durante o processo de preparação do Rio como sede olímpica desde o final de 2009. Víamos uma cidade ser modificada para eventos que, em nossa visão, não refletiam o clima real da cidade vivida. Com a produção de pequenas festas independentes, buscávamos construir uma cidade diferente daquela e experenciada na rua, sem pensar no depois.

O trabalho aqui apresentado, portanto, fala de como o Centro do Rio de Janeiro, tão transformado para os Jogos Olímpicos e por todos aqueles outros eventos do período, encontrava sua população em novas formas comunicacionais e culturais agrupadas no concreto. De como determinados grupos, ávidos por viver a cidade de seu próprio modo, comportaram-se diante da recente transformação e mudança de suas ruas. Trata-se do Centro do Rio de Janeiro à beira-mar, ao som dos trompetes, trombones e caixas em novíssimas praças, parques e espaços públicos criados ou modificados, como veremos a seguir. Aqui, como comentei, são ocupados pela festa.

Apesar de um olhar especial aos blocos, a cidade que busco investigar aqui não estabelece necessariamente fronteiras tão rígidas entre o Carnaval, a arte de rua ou diferentes manifestações musicais e lúdicas que se reuniram em praças e espaços públicos do Rio. Compreende-se uma rede interconectada e que se reconhece. Trato da festa momesca e suas atuações comuns em outras manifestações nas ruas cariocas, tais como rodas de samba, jam sessions de jazz ou discotecagens em variados sistemas de som que tomaram as ruas da cidade na última década. Considerando e apresentando o processo de reformas entre 2010 e 2016, dedico-me especialmente a observar a intensificação de cortejos e manifestações musicais em período pós-olímpico (depois de 2016), num Rio à beira-mar e Pirata.

Como veremos a seguir, há uma tendência nesta pesquisa em compreender majoritariamente aquelas manifestações que atuaram *sem autorização* formal da Prefeitura. Ainda assim, compreendo a *complexidade* da diferenciação nem sempre precisa ou sequer necessária entre *festa "oficial e não oficial"*. Dessa forma, as chamo de *Piratas*, como prática de ocupação e modo de vida.

Massimo Canevacci, antropólogo italiano que viveu por anos no Brasil, num dos vários trabalhos em sua bibliografia a respeito de metrópoles comunicacionais, aproxima-se do conceito de sincretismo (2012) para relembrar as amplas possibilidades de enxergar a potência de uma cidade convivendo entre suas falhas, canteiros de obras e natureza. Compreende-se a força de uma cidade diante da população que nela vive e faz festa sobre sua paisagem. Ao falar da Baía de Guanabara, que também é um cenário e campo de disputa simbólico deste nosso presente estudo, o autor aproxima-se de uma música Caetano Veloso[1]

1 Na música "Estrangeiro", de 1989, Caetano Veloso faz alusão ao fato de o antropólogo estruturalista Claude Lévi-Strauss ter compreendido a Baía de Guanabara de maneira entrópica e diferente da maneira como o tropicalista baiano vê.

e distancia-se de Claude Lévi-Strauss e seus "tristes trópicos". Assim, busca enxergar uma cidade intensa, híbrida e viva. O entusiasmo de ver a cidade em todas as suas contradições e belezas vistas com olhar próprio. Incorporar métodos mistos de observação e percepção daquilo que a metrópole evoca.

O Rio de Janeiro é uma cidade que nasceu para expulsar franceses, entre disputas também de nações indígenas. Espaço que, ao longo de sua história, foi ter influência africana, lusitana, cigana, moura e outras mais. A cidade que investigo aqui é uma cidade sincrética. Combina um encontro com o passado diante das imagens e novas possibilidades do presente. Livre de nostalgias ou apelos quantitativos. Busca-se compreender, nos termos de La Rocca (2018), o Rio de Janeiro em uma nova ambiência.

Este estudo, portanto, é feito de maneira híbrida, unindo dados científicos e acadêmicos ao que Michel Maffesoli (2012) chama de razão sensível. Do mesmo autor, incorporo a valorização dos "vagabundos, poetas, jovens sem ponto de referência" (2001, p.27). Compreendo o valor dos mesmos no interesse pelo fluxo, pelo movimento e pelos percursos inconformados, tão necessários para a consolidação da vida que acontece enquanto uma cidade constrói sua história. Este livro, escrito em primeira pessoa, foi organizado em oito partes (capítulos) que se conectam entre si. Na primeira, trato das questões metodológicas, teóricas e empíricas que conduzem essa viagem, comentando minha trajetória, origem e modo de levar esta pesquisa em primeira pessoa.

Apesar de o foco deste trabalho ser o tempo presente, nos capítulos 2 e 3 intercalo essas relações com algumas questões históricas da rua. Assim, no segundo capítulo, navego pela história do Centro carioca entre festas, obras e remoções que nos conduzem a olhar a cidade diante dessa última grande reforma. No terceiro, abordo a trajetória do Rio enquanto capital portuária de tantas diásporas e reinvenções no campo da cultura. No quarto capítulo, apresento as discussões que envolvem a economia criativa, consumo, inventividade e reapropriações pelos quais essas festas e Carnaval de rua passaram nesse momento de tantas mudanças do Rio.

Na quinta parte, faço uma imersão pela potência visual do caminhar festivo pelo Centro e seus ataques a praças, monumentos e espaços arquitetônicos da metrópole. Na sexta, trabalho as discussões de visibilidade sob as quais este Carnaval e festas de rua emergiram. Na sétima parte, narro alguns aprendizados e amadurecimentos que percebi na rua entre os grupos estudados, tanto no público como no próprio método de pesquisa que utilizo. No capítulo final, escrito em quarentena, reúno uma sequência de entrevistas e histórias da rua narradas por pessoas que são apaixonadas por ela.

DE QUAIS FESTAS, COLETIVOS E CARNAVAL ME REFIRO?

É curioso pensar como, no Rio de Janeiro, falar de festa e Carnaval nas ruas é como falar da própria vida na metrópole e sua diversidade, uma vez que várias são as caras que tais manifestações se apresentam diante do cotidiano de uma população tão festiva, 'rueira' e Pirata. É claro que há muitos tipos de Carnaval e de festas distintas acontecendo simultaneamente nas ruas desde o Rio do passado.

Neste livro trato, é claro, de apenas uma fração dessa festa tão diversa, aliada e interconectada a outros movimentos culturais pelos quais fiz parte ou vi de perto entre 2010 e 2020. Nesse sentido, o corpo físico e a experiência vivida aliam-se a uma investigação teórica/sensível que levou oficialmente cerca de três anos, mas na prática mais de dez.

É óbvio que, enquanto essas manifestações aconteciam no Centro, muitas outras formas de expressão Carnavalesca também se desenvolviam pelo Rio. E também foi assim em toda a história carnavalesca da cidade. De um ponto de vista histórico, é importante lembrar que a festa que acontece no verão também sempre reverberou durante o ano todo em diferentes manifestações culturais que sucediam em território carioca.

Ferreira (2000) apresenta como, ainda no século XIX, diferentes formas de brincar o Carnaval coabitavam um Rio de Janeiro que começava a absorver aspirações cosmopolitas, mas que já tinha uma forte presença de rua. Haroldo Costa (2000) reitera como já bem no início do século XX, diferentes eram as formas do Carnaval de rua carioca entre os ranchos, corsos, blocos, cordões, sociedades e tantas outras derivações e adaptações nas ruas.

Assim, os mesmos foram desenvolvendo-se entre variadas facetas ao longo dos anos e ao redor de vários cantos da cidade. Junto do Carnaval, a música e a festa como vetores do cotidiano. O lendário João do Rio relembra a trajetória dos músicos ambulantes na primeira década do século XX, pois "no Rio, onde tudo é música, desde a poética música dos beijos à poética música de pancadaria" (RIO, 2008, p.111).

No trabalho de Costa, assim como no de Simas (2019) e no de Rita Fernandes (2019) é possível perceber como historicamente no Rio de Janeiro, a movimentação musical do Centro se esticou entre festividades boêmias no resto do ano todo desde sempre. Carnaval, festa e noite, no Rio, *sempre foram irmãos* e tiveram grupos em comum os desenvolvendo e se articulando para além de fevereiro. No período mais recente da história do Rio não foi diferente.

Micael Herschmann, ainda em 2013, já apresentava o movimento de *microeventos* de rua que desabrochava nessa última década. Cenário no qual especialmente me refiro aqui como prática *integrada* ao Carnaval de rua. Enquanto a cidade organizava eventos como Rock in Rio, Copa do Mundo, Jogos Olímpicos ou Copa América, pequenos shows independentes tomavam as ruas e praças da cidade de maneira ativista. No trabalho, o pesquisador comenta como essas manifestações também já se articulavam junto do Carnaval entre neofanfarras e blocos na cidade pré-olímpica por meio de um ativismo musical nas ruas.

Na mesma pesquisa, é apresentado como uma retomada do Carnaval de rua nos primeiros anos do século XXI revela "a importância da música de rua para a recuperação (especialmente) do Centro (histórico) da cidade do Rio" (HERSCHMANN, 2013, p.272). O texto não restringe a retomada da festa apenas ao Centro, mas apresenta sua forte presença majoritariamente por lá. Assim, o recente Carnaval estaria produzindo ocupações nas mesmas áreas descritas por Costa (2000), quando o mesmo apresentou em abordagem histórica uma vasta trajetória de blocos de rua em praças e parques de bairros tradicionais do Centro ainda no tempo do Brasil Império, como Praça XV, Zona Portuária e Praça Mauá.

Enquanto Rita Fernandes (2019) revela, entre outros movimentos, a potente relação entre o Carnaval de rua dos anos 80 e 90 com algumas áreas da Zona Sul da cidade ou rodas de samba no subúrbio, o trabalho de Herschmann, como comentei, nos apresenta como a festa momesca do Rio de Janeiro, há mais de uma década, já tinha novamente uma relação mais intensa com suas paisagens mais antigas e movimentos culturais do Centro.

O Carnaval, portanto, que nunca chegou a sair totalmente de lá, desde o começo da segunda década do século XXI já havia aumentado novamente sua presença com força total no Centro carioca. No final da década de 90 e começo dos anos 2000, alguns blocos de rua já se relacionavam com alguns espaços culturais do Centro e de lá também tomavam as ruas, como a partir do concurso de Marchinhas da

Fundição Progresso, na Lapa, bairro que desde os anos 90 tinha vivenciado uma reabertura de casas de shows e espaços culturais. Naquele período, tanto o Carnaval de Santa Teresa como de outras áreas do Centro cresceu bastante. A Lapa e o Centro viviam um resgate cultural estimulado também por coletivos e vendedores ambulantes, como os da icônica rua Joaquim Silva, que acabaram indiretamente ajudando a atrair novos negócios e comércios em ruas próximas.

Naquele momento, destaca-se também a ocupação do canteiro de obras do Circo Voador e a reabertura daquela casa em 2004,[2] dialogando com muitos coletivos culturais do Rio e também com o Carnaval. Na sequência, entre começo e meados dos anos 2000, surgem importantes fenômenos como o Céu na Terra (2001), Cordão do Boitolo (2006) ou Songoro Cosongo (2005). Em seguida, destaca-se o potente movimento das neofanfarras de rua, como a Orquestra Voadora (2008).[3] Quando a década de 2010 começou, o cenário já estava armado.

Desde o início do período dela, pelo Centro do Rio ocorria uma potente cultura festiva entre shows, discotecagens ao ar livre e apresentações de bandas de rua.[4] Rodas de samba, shows de jazz e outros eventos de rua se articulavam com esse ambiente carnavalesco, como veremos por várias vezes a seguir.

Apesar do enfoque nessa região central da cidade, também reconheço que esse mesmo movimento em questão aqui apresentado também tenha circulado por outras regiões da metrópole, como algumas áreas da Zona Sul, alguns bairros do subúrbio, eventualmente Paquetá, Caxias ou

---

2 O Circo Voador tinha ficado anos fechado desde a gestão do prefeito Luiz Paulo Conde.

3 Apesar de muito identificada com o Carnaval e sair há anos como bloco autorizado, a Orquestra Voadora ajudou a fomentar o movimento das (neo)fanfarras de rua no Rio. Esse movimento, articulado com bandas de rua do mundo todo, teve muita influência no próprio Carnaval, mas seu ponto alto pode estar na criação do Festival Honk, em 2015. O evento reúne diversas fanfarras ocupando a rua ao mesmo tempo e fora de época de Carnaval. O encontro, que teve origem no exterior, influenciou outras bandas de rua ao redor do país a organizarem outros Honks. No Rio, grupos como Os Siderais e Bagunço foram muito importantes.

4 Ver os trabalhos do CAC-UERJ e NEPCOM-UFRJ, coordenado por Cintia Sanmartin Fernandes e Micael Herschmann na Cartografia Musical de Rua do Centro do Rio de Janeiro, elaborada entre a primeira década dos anos 2010 <http://www.cartografiamusicalderuadocentrodorio.com/>.

Niterói. Especificamente, algumas áreas litorâneas como Praia Vermelha, Leme ou Arpoador abrigaram ensaios, festas e apresentação de fanfarras. Há também regiões nas bordas do próprio Centro do Rio que, apesar de não analisadas por aqui, tiveram e seguem tendo uma potente ocupação festiva. Em Santa Teresa, por exemplo, a festa que já era muito forte desde décadas anteriores ampliou seu tamanho. Entre a área do Museu de Arte Moderna e a Glória, as ocupações e até ensaios também foram recorrentes e fundamentais para o recente desenvolvimento dessa festa.

Na Praça Paris, por exemplo, muitos blocos ensaiavam e se preparavam. Paralelo a isso, algumas dessas regiões também recebiam eventos como rodas de samba ou festas de hip-hop e música eletrônica. Ainda assim, tendo a me dedicar com mais frequência nesta pesquisa aos cortejos musicais que ocorriam numa área específica do Centro à beira-mar com história particular de festa, folia e política, conforme veremos a seguir. Em todos esses anos, entretanto, blocos tradicionais como o Cordão do Bola Preta, os blocos afro que desfilam na Avenida Chile ou grandes manifestações, como o Bloco da Preta, continuaram reunindo multidões no Centro "oficialmente".

Em trabalhos como os de Flávia Magalhães Barroso (2017) e Caroline Peres Couto (2019), começamos a perceber a nomenclatura *Pirata ou "não oficial"* surgindo como denominação, atrelando a opção de tais grupos pela não formalização e irregularidade preconcebida. Couto (2019), inclusive, apresenta antigos embates entre o então presidente da Riotur, Marcelo Alves, e o presente movimento que apresento aqui. Na ocasião retratada, o mesmo afirmava que "blocos Piratas teriam sido grande problema" (COUTO, 2019), ao referir-se sobre o Carnaval de 2018. Ainda no trabalho citado, podemos notar a criação da Desliga dos Blocos, que desde 2009 e em formatos diferentes, ajuda a organizar a "Abertura não oficial" do Carnaval Carioca, que ocorre no primeiro final de semana de janeiro. Trazendo citações e pronunciamentos públicos da Desliga – que é composta por grupos como Fanfarra Black Clube, Mulheres Rodadas ou Vem cá, minha flor – a pesquisadora apresenta diferentes momentos de tensão entre os órgãos públicos e tais grupos.

Nas vésperas da abertura de 2020, por exemplo, enquanto dezenas de blocos anunciavam suas saídas "não oficiais", a Orquestra Voadora, que no Carnaval sai como bloco regulamentado,[5] denunciava que lhes

---

5 O GLOBO. Disponível em <https://blogs.oglobo.globo.com/ancelmo/post/bombeiros-exigem-que-um-so-bloco-do-rio-tenha-6-ambulancias-42-maqueiros-e-6-medicos.html>. Acesso em: 4 jan. 2020

era exigido um número de seis ambulâncias, mais de 40 maqueiros e três médicos pra o desfile oficial de fevereiro. O grupo, que reúne multidões às terças de Carnaval no Aterro do Flamengo, ajudou a formar vários dos blocos que veremos apresentados aqui. Apesar disso, as dificuldades formais de regulamentação permanecem ano a ano.

Nesse mesmo processo, ia crescendo cada vez mais o interesse por desfiles espontâneos e que *fugiam de regulamentação*. Nos mesmos primeiros dias de 2020, páginas de veículos tradicionais como portais da Globo[6] davam destaque a abertura do Carnaval "não oficial" já como parte de uma programação esperada da cidade ao grande público. Em 2021, com a crise da COVID-19, pela primeira vez em mais de dez anos tal abertura deixou de acontecer.

É importante ressaltar que ao longo do recente processo, como já havia ocorrido em décadas anteriores, algumas articulações entre grupos musicais foram criadas também para servirem de porta-voz de alguns blocos e festas com a sociedade. E há o trânsito de músicos e foliões oriundos desse movimento mantendo relações também com ligas mais antigas ou de blocos certificados legalmente, como Amigos do Zé Pereira (que contempla a própria Voadora), Liga Portuária, Coreto, Sebastiana ou a Federação dos Blocos Afro. Ainda assim, destaco que *é completamente impossível prever com exatidão* distinções rígidas entre o Carnaval "oficial" e o tido como "Pirata",[7] uma vez que suas renovações e novas criações em nomenclaturas e práticas são constantes.

Somado a isso, multiplicavam-se as oficinas de formação de músicos – como as mantidas ao longo da década pela própria Orquestra Voadora, Songoro Cosongo,[8] Me Enterra Na Quarta e posteriormente Amigos da Onça e outros grupos – que acabaram indiretamente gerando tantos outros blocos independentes nascidos no período, incluindo também fanfarras, bandas de rua, entre outros formatos. Muitos músicos, por se conhecerem, formaram também cortejos espontâneos

---

6 Anúncio no jornal *O Globo* da abertura do Carnaval não oficial de 2020: < https://oglobo.globo.com/rio/abertura-do-carnaval-nao-oficial-ocupa-ruas-do-centro-com-folia-neste-domingo-24171769>. Acesso em: 3 abr.2021.

7 Este termo é utilizado nas ruas, mas há muitas pessoas que não o assimilam. Neste livro, como comentado, utilizo-o aproximando à ideia da performance Pirata de atacar a cidade em movimento.

8 Surgido em meados dos anos 2000, o Songoro Cosongo foi inspirador de muitas fanfarras que nasceram no Rio em anos seguintes.

em situações específicas e feriados em outras cidades do Rio, especialmente em eventos pontuais como Festival de Jazz de Rio das Ostras ou Festival Mimo em Paraty. Até mesmo uma liga informal de futebol entre alguns blocos foi criada nesse período e outros eventos anuais como a versão carioca do encontro de fanfarras Honk ou "Arraiás" de vários blocos tornavam-se tradição pelas ruas cidade.

Concebe-se, portanto, que cada vez mais novos grupos surgiam. Assim, muitos deles iam se reinventando e inclusive utilizando-se de novos nomes e roteiros para confundir autoridades e circularem nas ruas. É notória também a eventual necessidade de alguns grupos possivelmente assumirem formalizações legais de acordo com os tamanhos que atingem, uma vez que a informalidade nem sempre dá conta de sua amplitude. Alguns, assim, "oficializavam-se". Em ordem oposta, deve-se lembrar que outras festas e blocos também seguiam a qualquer custo optando por manterem-se completamente "ilegais" e Piratas.

Destaco novamente o quanto o movimento dos microeventos e suas várias derivações – presentes nos estudos de Fernandes e Herschmann (2010-atualmente) – está também interligado a esse movimento do Carnaval de rua, quando músicos de neofanfarras, bandas de jazz ou rodas de samba também fazem parte da rede integrada que compõe esse Carnaval e a chamada "cultura de rua" no Centro do Rio.

Nessa linha, algumas diversificadas manifestações musicais nas ruas acabam de algum modo interconectando-se também ao que chamo de Carnaval Pirata. Circulava por ele, portanto, músicos frequentadores das noites do Bar da Cachaça, Pedra do Sal, rua Luís de Camões ("atrás do IFICS") ou Praça Tiradentes desde o período pré-olímpico. Aproximam-se disso os coletivos culturais de várias regiões do Rio e os frequentadores desde o início da década de casas coletivas, eventos, ruas, praças ou botecos musicais que fizeram sua história pelo Centro, como a Sinuca Tico Taco, Rivalzinho, Jazz da Lapa, Rua Joaquim Silva, Ruínas, Forró da Taylor, Largo São Francisco da Prainha, Largo São Francisco de Paula, Araponga, Sede do Bola Preta, Varandas da Lapa, Banca do André, Casa do Barão, Bar da Nalva, Democráticos, Casa Nuvem, Gafieira Elite, Varandas da Lapa, BDP, entre outras localidades de diferentes anos. Além disso, somam-se artistas do metrô, produtores de microfestivais de música, artistas circenses, trios de forró e tantos outros personagens e lugares que tenham tido relação direta com esse mesmo movimento desde sua recente popularização e que já vinha crescendo no final dos anos 2000.

Ainda sobre este fato e durante alguns desses espaços e eventos, pode-se considerar também a expansão das linguagens musicais de alguns grupos que ali se inseriam, como blocos sem ensaios ou os chamados *"cracks"*, polêmica nomenclatura dada para manifestações de música coletiva surgidas espontaneamente, descompromissada, normalmente durante ou depois de um outro evento realizado, aproveitando a presença do público por lá.

Nota-se, portanto, a popularização de cortejos musicais como formato expressivo anônimo, de celebração festiva nas ruas da cidade em diferentes formato, normalmente de perfil ambulante. Assim, grupos de músicos que estão num evento de outra natureza poderiam decidir em plena madrugada e ao final de tal festividade, tornar aquele próprio evento um cortejo "Pirata" e sem nome.

Tal fato dificulta análises quantitativas específicas em torno do tema, mas revela sua performatividade e modo de atuação. Os grupos citados, muitas vezes, também não se limitam à música orgânica tocada em trompetes ou caixas de som: a música digital em alto-falantes oriundos de sistema de som ambulantes como "bicicletas musicais" também pode integrar essa movimentação.

Houve também o mais recente interesse de marcas e empresas que, atraídas pela popularidade de tais grupos, contratam músicos de blocos oriundos do movimento para a formação de cortejos com seus respectivos nomes, conforme veremos a seguir. Também existe a aproximação desses grupos em cada vez mais festividades fechadas, festivais de música ou casas de shows tradicionais. Tal fato revela, novamente, a enorme complexidade de compreensão rígida de tais festividades enquanto oficiais ou não oficiais, uma vez que, mesmo livre de formalizações diante da Prefeitura, eles tenham suas próprias regras.

Ainda assim, opto aqui por este nome, Pirata, especialmente enquanto performance. Por compreender a importância de sua estética inconformada, do desprezo pela narrativa controlada das diferentes gestões da Prefeitura em torno do Carnaval de rua e, principalmente, por sua capacidade de circular e atacar a cidade em novos espaços para serem desvendados, sob os quais este mesmo livro dedica especial atenção.

Também pela complexidade de muitas compreenderem-se enquanto blocos, opto regularmente por aqui nomeá-las também como festas. Por fim, reitero que muitos grupos abertamente rechaçam a rotulação "oficiais" e "oficiosos", entendendo-se apenas como *Carnaval de rua*.

O antropólogo Fernando Rabossi apresenta as múltiplas especificidades que organizações informais que se estabelecem em espaços públicos possam ter entre si, com seus específicos "marcos regulatórios" (2011, p.98). Nesse sentido, é preciso reiterar como as festas aqui trabalhadas possuem normas e regras próprias entre si. Considero, portanto, que apesar de livre de formalizações em papel, tais blocos ou redes associativas de músicos que apresento não devem ser entendidas como totalmente anárquicas ou livres de regras específicas, sendo um território de muitas variações, particularidades e até conflitos.

Um último fator importante é a transformação constante e rápida de foliões em músicos e da liberdade que alguns grupos dão para a entrada de foliões anônimos, tornando-se finalmente músicos, produtores ou pernaltas. Assim como nas festas de rua da cidade, era comum que frequentadores decidissem que virariam produtores. No caso dos blocos, muitas vezes foliões passavam a fazer oficinas e convertiam-se em músicos ou pernaltas. Junto disso, há blocos que permitem a livre participação anônima de pessoas que, naquele dia, acompanhadas de seu instrumento, decidem fazer parte da roda musical.

O caso do Boitolo, criado ainda em 2006, é um excelente exemplo. Ele é um dos grupos que no Carnaval já partiu algumas vezes de quatro ou cinco distintas regiões da cidade com músicos que se revezavam e permaneceram num cortejo em ritmo de rave por quase 24h e que vai normalmente do Centro à praia do Leme. Enquanto o tradicional e dez anos mais antigo Boitatá fazia sua clássica e respeitada festa aos domingos de Carnaval, o Boitolo cada vez mais consolidava-se como grupo gigantesco entre músicos e foliões anônimos. Quem chegasse com instrumento, tocaria sempre. A errância do Boitolo no domingo de Carnaval já é um fenômeno de fama em vários lugares do Brasil, ainda que a Polícia do Rio insista em se surpreender quando a catarse do bloco surge anualmente no túnel que liga Botafogo à Copacabana.

A rede integrada de vendedores ambulantes também está totalmente inserida em todo esse circuito. Além da não preocupação com os limites do calendário que configuram tais manifestações, que também costumam ter apreço pela invasão de túneis, parques, aeroportos ou até áreas verdes da cidade.

Todas essas complexidades, apesar de algumas vezes já íntimas inclusive para turistas que vêm ao Rio de Janeiro atrás justamente desse tipo de movimentação, seguem pouco conhecidas das autoridades em seus detalhes. Em 2020, uma confusa iniciativa da Prefeitura de Marcelo Crivella de multar os blocos foi literalmente driblada por trocas de nomes e pela construção de percursos secretos nos cortejos (que seguiram lotados).

Em 2019, por exemplo, o senador Flávio Bolsonaro teve um conflito virtual com um dos músicos do bloco Boto Marinho, que sai da Praça XV até Paquetá em cortejo "Pirata" via barcas. Na ocasião, o político respondeu uma crítica virtual do músico alegando que ia "conferir se o bloco dele era legalizado".[9] A curiosa fala em represália revela, por exemplo, o total distanciamento de um senador representante do Rio de Janeiro diante de um grupo que nem sequer pleiteia esse tipo de "formalização" em questão. O Boto tem apoio de grupos de moradores da ilha e sua formalização se dá no trato com os mesmos.

Finalmente, é importante ressaltar também, como nos trabalhos citados aqui –

Fernandes (2018), Simas (2019), Herschmann e Fernandes (2013; 2018), Barroso (2017), Costa (2000) e vários outros –, podemos perceber que a performance Pirata sempre foi uma tática[10] de resistência usada pela música de rua carioca que, distante de regulamentações e sendo muitas vezes perseguida, viu por várias vezes ao longo de sua história a prática não oficial como modo de sobrevivência ou até preferência.

Minha hipótese neste livro, portanto, se estabelece a partir da ideia de que, após a era dos megaeventos, os microeventos de rua, as festas de música itinerante e o Carnaval tenham se aproximado ainda mais, estando debruçados sobre praças, parques e regiões recentemente construídas e deixadas pela Cidade Olímpica. Essa movimentação intensifica-se nos meses de Carnaval, mas permanece ativa durante todos os meses do ano em festas e folias.

Esta pesquisa surge, portanto, pelo interesse de compreender, ao longo de tantos anos de ocupações culturais ativistas durante a era dos megaeventos, quais foram as novas configurações desse movimento de

---

9 Declaração disponível em <https://extra.globo.com/noticias/extra-extra/familia-bolsonaro-vai-processar-quem-fizer-ameacas-nas-redes-sociais-23953572.html> Acesso em: 2 fev. 2019.

10 Certeau (1994) considera que táticas podem ser entendidas como ações desviantes que podem gerar ações imprevisíveis. Nesse sentido, podemos perceber como a atuação dos blocos e festas podem se desenvolver através de criativos desdobramentos que desviam de estruturas normativas do fluxo urbano.

rua especialmente diante da região do AquaRio, Boulevard Olímpico, Praça Mauá e Praça XV pós-olímpicas, num contexto onde a cidade retomava seu cotidiano regular sem maiores obras e essas manifestações de rua continuavam crescendo e se modificando. Reconhece-se aqui esse fator renovador como um motor de transição e construção de novas heterotopias para a cultura de rua que sobrevive e se desenvolve no Rio há décadas.

Considero ainda que a cultura de rua, além de performar na cidade, transforma imaginários, movimenta receitas, altera espaços, reduz violências, produz imagens e socializa indivíduos. Nesse contexto, a pesquisa se justifica por interessar-se em compreender as últimas transformações sofridas por ela, seus desafios em eventualmente permanecer nessa marginalidade diante da tentação da oficialização e as tendências de suas próximas vivências. A cidade não mais capaz de maquiar-se totalmente aos olhares de fora, por não receber mais grandes eventos sequenciais, se apresenta à população de forma mais crua em suas brechas.

Muitos cortejos e festas aqui escolhidas inclusive não precisam do mês de fevereiro para existir, logo, se assumem como blocos de Carnaval, mas também como outros tipos de festividade ao longo do ano, podendo atuar em comemorações juninas, Réveillon ou até celebrações/atos da Independência.

Por fim, reitero também o interesse híbrido na compreensão tanto das festas, coletivos e blocos, quanto dos espaços pelos quais os mesmos se estabelecem. São todos sujeitos desta pesquisa. Dessa forma, busco compreender a interação estética, afetiva e visual dos corpos que ocupam aqueles espaços e o próprio corpo da cidade alterado e ocupado pelos mesmos. Novamente considerando a perspectiva Pirata das festas, reconheço a distinção entre as mesmos e as demais manifestações tradicionais que ali já disputam espaços e resistências, reconhecendo que muitos desses grupos atacam aquela região Central do Rio inclusive algumas vezes *sem tomar conhecimento do que já aconteceu por ali no passado*, mas ainda assim transformam seus métodos e formas de fazer política através do corpo, da festa e do ativismo musical e estético que ocupa a cidade enquanto a festa ocorre.

VAGAR FAZ PARTE DA VIDA URBANA: QUESTÕES METODOLÓGICAS

Este livro nasceu de minha dissertação de mestrado, mas iniciou-se numa lógica invertida. Desde 2013, eu tinha acabado de terminar minha graduação, mas não mais fazia mais parte diretamente de uma instituição universitária e trabalhava há tempos com os coletivos de rua e como produtor e jornalista freelancer. Era assim que ganhava meu dinheiro como recém-formado e compartilhava muitos afetos.

Ao longo dos anos, ao invés de um pesquisador que observa um objeto e interessa-se por eles, passei a perceber primeiro o interesse dos pesquisadores em nosso movimento nas ruas e, dessa forma, me interessei por mergulhar mais profundamente nessas investigações acadêmicas. Foi, na verdade, um esforço de também compreender melhor o que vínhamos fazendo a partir de outras perspectivas, que não somente minha vivência ativa naquele campo como ofício de vida prática. Queria entender, inicialmente, o que falavam de nós e, assim, entender meu próprio lugar dentro desse movimento a partir de uma aproximação com a reflexão e com o campo da pesquisa.

Assim, comecei a observar o interesse teórico nas ocupações que organizávamos nas ruas, inicialmente, por essa experiência prática. Entre 2014 e 2015, Bárbara Vianna (2015), graduanda do curso de Comunicação Social da UERJ, me entrevistou em sua pesquisa de conclusão da graduação em trabalho orientado por Cintia Sanmartin Fernandes. Bárbara pesquisava, exatamente, nossa ação cultural com um coletivo de cultura no território da Tijuca. Desse contato, enquanto objeto empírico, passei a me interessar por observar mais intimamente as investigações acadêmicas desenvolvidas no campo da Comunicação Social a respeito do tema da música ativista nas ruas.

Em seguida, tive contato com os diversos trabalhos de Cintia Sanmartin Fernandes e Micael Herschmann a respeito da ascensão desse movimento durante os anos 2010 e me interessei pelo mesmo esforço metodológico da deriva encontrado em suas pesquisas. Os pesquisadores, ainda em meados da década, tinham elaborado uma vasta cartografia musical de rua do Centro do Rio de Janeiro, onde eu encontrava vários amigos ali representados.[11]

---

11 FERNANDES e HERSCHMANN, 2014. On Line. Cartografia Musical de Rua do Centro do Rio de Janeiro. Disponível em: <http://www.cartografiamusicalderuado-centrodorio.com/>. Acesso em: 5 abr. 2021 / Realização: NEPCOM-UFRJ e CAC-UERJ.

Ao defender o método das cartografias ou corpografias na composição da pesquisa, esses pesquisadores recorrem a Bruno Latour (2012), concebendo a perspectiva do "homem" formiga, que atua bem próximo aos coletivos e redes, constrói suas paisagens particulares e se perde nelas. Nessa linha, embarco numa metodologia da deriva, valorizando a experiência e compreensão das frequências do campo, estando permanentemente mergulhado nele e construindo a pesquisa por meio dessa imersão. Como apresentam os pesquisadores, "a proposta de se colocar ´à deriva´ não é aleatória, correspondendo a um método adotado por alguns pesquisadores – com o intuito de entender a cidade como um espaço dinâmico" (FERNANDES e HERSCHMANN, 2015, p. 297). Nessa mesma perspectiva, me aproximo das discussões de Jacques (2012), considerando essa deriva como errância urbana, que circula, sente a cidade e propõe uma cartografia sensível a ela, em contato permanente com a cidade e com tais objetos.

A partir da prática da errância, inspirada pela perspectiva da deriva situacionista encontrada nos estudos de Fernandes e Herschmann, faço a opção metodológica de uma corpografia (JACQUES, 2012) no intuito de compreender a cidade como lida pelo meu próprio corpo em circulação por ela. Assim, proponho uma deambulação à deriva, onde a própria experiência é levada em consideração como exercício metodológico do corpo errante nas ruas.

Curiosamente, Paola Berenstein Jacques, citada acima, publicou diversos estudos a respeito de metodologias e práticas de olhar, viver e compreender a cidade. Numa delas, mergulha sobre as imersões do artista carioca Hélio Oiticica e suas experiências entre as festas, sambas-enredos e batuques na favela da Mangueira do passado. No trabalho, apresenta, inicialmente, a importância da compreensão da desordem, da dúvida e de "enfrentar os riscos do acaso" (JACQUES, 2011, p.48). Quando comecei esta pesquisa, mais do que nunca, minha própria *falta de experiência* formal enquanto pesquisador acadêmico aliada a uma voraz paixão e curiosidade pelas ruas do Rio de Janeiro me fez incorporar o próprio acaso como fonte de metodologia. Estar aberto ao que a cidade me apresenta.

Ainda por meio de estudos de Jacques (2011), tive contato com a perspectiva do "labirinto", quando a pesquisadora apresenta a necessidade da desorientação na cidade enquanto método, compreendendo o espaço urbano como "corpo social, coletivo" (JACQUES, 2011, p. 94). Assim, viso uma imersão sensível entre meu corpo e o próprio corpo da cidade enquanto caminho por ela, algumas vezes desorientado, sem rumo, atento aos fluxos e movimentos que este espaço se apresenta.

No princípio desta pesquisa, eu era tomado por uma enorme angústia de querer descobrir qual rosto e forma a cidade assumiria em seus novos dias a partir do final de tanta mutação física com aquelas obras todas. No trabalho apresentado por Jacques, encontro a perspectiva do labirinto enquanto "espaço de quem vaga, um estado errático" (2011, p.90). Nessa mesma pesquisa, a autora brinca, parafraseando Heidegger, que o "o estado estético fundamental é embriaguez". [12] Nas palavras de Jacques, "quem está embriagado não se perde, pois o próprio espaço já está bêbado" (JACQUES, 2011, p.88).

Não poderia haver metodologia mais precisa do que a própria metáfora da embriaguez, mergulhado em festa atrás de festa, atacando a cidade junto dos Piratas aqui compreendidos. Ao invés de incessantemente buscarem pelo encontro dos tesouros, desorientam-se pela cidade. Ainda nesse mesmo trabalho, a autora compara outras referências de labirinto como método de desorientação que nos faz encontrar os caminhos.

Diferente da *ocultação* na cidade, lembrada nos labirintos citados por Beatriz Sarlo (2009), percebo a ideia da deriva labiríntica como possibilidade de *encontrar-me*, de ver a cidade e ser visto por ela. Muitas vezes é preciso *estar perdido* para encontrar os tais tesouros da cidade. Também por isso, a ideia dos Piratas se reforça também através do método aqui utilizado. Desorientado, à deriva, busquei, portanto, um mergulho com meu corpo numa perspectiva sensível em sons, vibrações, imagens ou tensões da cidade, especialmente em busca dos paradigmas dos microeventos, blocos e festas produzidos nela. Aqui proponho uma pesquisa pautada nessa deriva, correlacionando fundamentação teórica a partir do estudo dos objetos nessa errância.

Utilizo a primeira pessoa, por reforçar esse ofício afetivo e empírico da experiência do próprio campo em minha própria investigação. Nesse sentido, busco reafirmar esta proximidade também por acreditar que a mesma amplie a perspectiva sensível e dialogue com os recortes metodológicos da pesquisa, fortalecendo seu desenvolvimento. Com isso, me aproximo enquanto pesquisador à deriva, de um objeto estudado na perspectiva de sujeito: algo que deixa de ser observado enquanto ser passivo, para ser visto como elemento ativo capaz de interferir e agir na pesquisa.

---

12 Jacques cita HEIDEGGER, M. *Nietzsche*, tome 1. Paris: Gallimard, 1971, p.103 (T.d.a)

Desse modo, corpograficamente à deriva, encontrei com as festas ambulantes num Centro, Zona Portuária e vizinhança em potente transformação e movimento. A partir de meu caminhar errante por aquele território, compreendo os sons, os ruídos, os cheiros e a atmosfera simbólica daquele ambiente, para me abrir à potência do espaço enquanto sujeito. A elaboração de algumas entrevistas também são táticas metodológicas que aparecem em alguns momentos da pesquisa.

Como já citado, trato de muitos sujeitos que trabalham a partir da informalidade. Assim, não é tão comum que sejam encontrados dados estatísticos formais a respeito de números e índices absolutos que reafirmem algumas marcas dos mesmos. Por esse sentido, se justifica o esforço da empiria e da corpografia em constante contato com o campo. Canevacci (2013) apresenta o conceito de metodologia vagante. Referindo-se a esse olhar vago e vagante, o autor apresenta que os mesmos "exprimem relações possíveis entre a arte e a etnografia" (CANEVACCI, 2013, p.12). Assumindo a perspectiva da corpografia de Jacques como metodologia-base, compreendo também esse olhar vago que compõe a partir da pesquisa uma metodologia híbrida que também vai atrás de imagens, mescladas com emoções, descobertas e desvios de rota entre meu corpo de pesquisador vagante que compõe o mosaico de uma pesquisa participativa.

A imagem aqui retratada, portanto, passa muitas vezes por ser apresentada a partir de câmeras sem foco captadas no calor da rua. Algumas vezes, também a própria imagem aqui no papel, estando algumas vezes ausente daquilo que é no momento descrito e analisado, pode sugerir também a experiência de evocar imagens imaginadas pelo leitor, pois "quando as pálpebras se fecham, dispara a imaginação. Quando se abre novamente, a visão deforma. Pluriforma. Movimento oscilante, perpétuo, como o mar." (CANEVACCI, 2015, p.266.).

É curioso, mas nos primeiros meses em que iniciei esta pesquisa e ainda começava a ter contato com diferentes bibliografias do curso de pós-graduação em Comunicação Social, fui mudando minha forma de olhar a cidade e o viés teórico da abordagem dos temas aqui estudados. Já era muito íntimo para mim o ato da deriva, da caminhada errante, práticas que trabalho como método de estudo. Era muito natural que anos atrás, em época de Copa do Mundo e Olimpíada, muitos coletivos culturais travassem calorosos debates acerca do tema do direito à cidade numa metrópole que em nossa frente era vendida, removia pessoas, especulava preços, privatizava a circulação de espaços.

Não deixo de reconhecer por aqui a importância de tais estudos sobre direito à cidade de David Harvey (2014) e Henry Lefebvre (2001). No entanto, conforme ia tendo contato com novos autores e ao mesmo tempo vivenciava a cidade entre a vibração do corpo, do som da música e das experiências empíricas combinadas ao trabalho em sala de aula, passei a incorporar novas perspectivas de pensar o Rio. Assim, o trabalho se desdobra acima de tudo entre *as discussões da estética, da economia criativa, da performance, do corpo, do imaginário, da imagem* e, especialmente, de uma nova maneira de olhar o *consumo* da cidade como *gerador de visibilidades*. Nesse sentido, sigo aqui em busca das potentes imagens e arquiteturas corporais que essa cidade produz sobre si mesma nessas festas de rua. O trabalho, portanto, se desenvolve a partir especialmente dessas perspectivas descritas, entre abordagens de autores como Maffesoli (2001), Simas (2018), Duvignaud (1983), Jacques (2012), Canevacci (2015), Rose de Melo Rocha (2012), entre outros.

Por fim, dos estudos de Sarlo (2009) na cidade também portuária de Buenos Aires, incorporo talvez o mais importante artifício metodológico em questão, quando a mesma comenta sobre "o amor pela cidade" (SARLO, 2009, p. 11) e, principalmente, pela Cidade que é vista. Não por acaso, *Cidade Vista*[13] é o título de uma obra da pesquisadora argentina em suas errâncias descritas ao curso de longas caminhadas pela cidade portenha de Buenos Aires, acompanhada de uma câmera e de seus próprios olhos. A mesma maneira pela qual também me inspiro por aqui: uma cidade para ver e viver.

---

13 Ao longo deste livro, as citações em torno desta obra de Sarlo são de tradução livre do pesquisador, uma vez que o livro utilizado na pesquisa parte de uma edição argentina, publicada em 2009.

CAPÍTULO 2: CULTURA E REFORMAS

AS VIGAS SUMIRAM, A FESTA OCUPOU

Em julho de 2015, recebi a ligação de uma jornalista do portal *Cultura.RJ*, antigo veículo oficial da Secretaria de Estado de Cultura do Rio de Janeiro na internet. Ela apurava informações para escrever uma reportagem[14] sobre o Festival "O Passeio é Público", enorme ocupação cultural independente que seria organizada naquela semana. Na chamada, conta que, além de mim, representando o coletivo cultural FAZ NA PRAÇA (Grande Tijuca), estava fazendo as mesmas perguntas para representantes de outros coletivos envolvidos no projeto, como o Sarau do Escritório (Lapa & Baixada Fluminense) e para o Coletivo Ser Hurbano (Santa Teresa), que havia dado a ideia do evento.

Na ocasião, eu tinha 24 anos e somava a um grupo grande de jovens de todas as partes do Rio de Janeiro. Juntos, preparávamos um evento independente nos jardins do Passeio Público que reunia mais de dez coletivos, 200 artistas e cerca de cinco mil adeptos. O local é o primeiro jardim público do Brasil e já foi muito alterado por obras. Antes da derrubada do Morro do Castelo ou das grandes reformas no início do século passado, quando o Rio se transformou para "tentar parecer Paris",[15] o mar beirava aquelas árvores. De todo o projeto de recentes reformas do Centro do Rio, o Passeio Público certamente era um dos ambientes com menor apelo e atenção de grandes obras. Também por isso, estivemos por lá.

Nosso evento era, talvez, uma das maiores dentre as mais de 50 ocupações culturais que participei no período pré-olímpico ao lado de outras pessoas que compartilhavam dessa mesma vontade. Para nós, era

---

14 "Ocupar para Transformar", reportagem da revista *Cultura,RJ*, da Secretaria de Estado de Cultura do Rio de Janeiro, publicada em 9 jul. 2015. Disponível em <http://www.cultura.rj.gov.br/imprime-colaboracao/ocupar-para-transformar>. Acessado em: 21 jul. 2018.

15 Afirmação encontrada em diferentes estudos sobre as propostas do prefeito Pereira Passos e as reformas do Rio de Janeiro no início do século XX. Especialmente, entre as várias referências de Luiz Antônio Simas em seu último trabalho *O corpo encantado das ruas* (2019).

apresentado "ao mundo", com a "desculpa" das reformas para os Jogos Olímpicos e eventos do gênero, outro tipo de Rio de Janeiro, destoante do cotidiano de onde vivíamos. No mesmo período, por exemplo, comunidades no Maracanã, Barra da Tijuca e casas no porto estavam sendo removidas como parte das obras de aparelhos esportivos.

No Centro, na mesma época, um tradicional viaduto – a Perimetral – estava sendo derrubado para construção de um corredor que abrigaria quiosques de marcas internacionais e áreas para turistas de cruzeiros. O mesmo viaduto, que na demolição teve parte de suas vigas desaparecidas num sumiço misterioso, marcava uma proposta de mudança estética na cidade. No mesmo período de demolição, por exemplo, o bloco Vamo ET chegou a organizar debaixo daquela estrutura o bem-humorado 'Último baile da Perimetral", em ironia com as reformas.

Num enorme projeto que envolvia dinheiro do Governo Federal e que chegava na casa dos bilhões de reais, a cidade havia se transformado num grande canteiro de obras em seu porto. O chamado Boulevard Olímpico era erguido como ponto para receber espaços de exposição temporárias de marcas durante os Jogos. Também ali, se instalavam novos pontos para eventos e polos de tecnologia, como o Youtube Space, ao lado da área dos cruzeiros.

Ali perto, no bairro do Santo Cristo, até uma Trump Tower seria erguida acompanhada de novos hotéis.[16] Tudo era assustador, rápido e estranho. Muita especulação. Sabíamos que o porto carioca não era só aquilo. Morro do Pinto, Providência, Morro da Conceição, trabalhadores do Centro, pequenas biroscas, a Pedra do Sal, o Passeio Público. Eram muitos Rios que existiam repletos de potência e colorido diante daquele outro projeto de Rio.

Nesse mesmo período, não por acaso, eu "vivia" na rua acompanhado de muitos "malucos" que gastavam tempo e energia dedicados à valorização e vivência própria rua. Queríamos estimular, com nossas ocupações festivas, o convívio entre pessoas muito diferentes daquelas representadas nos calendários oficiais da Cidade Olímpica que faziam parte desse processo todo que envolvia muita grana nas mãos de poucas pessoas.

Éramos grupos que buscavam promover conexões festivas entre artesãos itinerantes, músicos do metrô, frequentadores de bares e biroscas, moradores de rua, vendedores ambulantes, desempregados, malabaristas, gente que teve casa removida, garçons que serviam aos turistas etc.

---

16 O projeto da torre acabou não sendo consolidado.

Acreditávamos ocupar as ruas para negar o imaginário da publicidade da Rio 2016 e contemplávamos uma cidade que era muito mais alinhada ao perfil de metrópole e população na qual descreve o historiador Luiz Antônio Simas, na introdução de seu texto sobre o subversivo das festas de rua da cidade.

> A História que pesquiso, escrevo e me apaixona é ancorada em um princípio: malucos, crianças, mulheres, bichas, sambistas, funkeiros, amantes desesperados, fracassados em geral, a vizinha do lado, o fantasma, a iaô, a prostituta, a beata, a minha mãe, a passista da Mangueira, a filha de Deus e o filho do diabo, o pierrô, a colombina, o pirata de araque, o bicheiro, o empurrador de carro alegórico, a assombração, o macumbeiro, o portuga do botequim, o Rei Momo, o Menino Jesus do teatrinho da quermesse e a rezadeira suburbana não são objetos da História. São sujeitos dela. (SIMAS, 2018).[17]

A cidade com a qual imaginávamos construir combinava muito mais com os personagens descritos por Simas do que, necessariamente, com aquele imaginário das ruas turísticas e subservientes aos megaeventos. Os Jogos Olímpicos e os demais grandes eventos eram, em nossa visão, desculpa de empresas e governantes para uma série de reformas, transformações e ganho de dinheiro rápido em processos de mutação do espaço urbano carioca por uma gestão que não nos representava muito. Queriam colocar a cidade num mapa global, o que a princípio comemorei quando mais jovem, mas em seguida ficou escancarado, já no começo da década, como um processo muito mais complexo.

Sentíamos um Rio de Janeiro cada vez mais caro e excludente: com as tais remoções de casas, crescimento do valor dos aluguéis e população bem distante daquele ambiente eufórico e desenhado como espetacular que estaria à espera da Rio-2016 de acordo com a publicidade olímpica. Queríamos reagir. Se a era dos megaeventos não duraria para sempre, sabíamos que, talvez, nossa energia para "combatê-los" daquela forma também não duraria. Por isso, tínhamos pressa. Dormi muito pouco entre o começo da década e 2016.

Em vários lugares do mundo desde o final do século XX, projetos como os Jogos Olímpicos serviam como argumento para remodelação de portos e expulsão da população mais pobres de vários cantos da

---

17 "Carnaval de Corpos em Disputa", Luiz Antônio Simas, *"O Globo"*, publicado em 8 fev. 2018. Disponível em <https://oglobo.globo.com/cultura/carnaval-de-corpos-em-disputa-22376717>.
Acesso em: 21 jul. 2018.

cidade. Naquele mesmo processo, a Prefeitura lançava a plataforma Rio 450, campanha de marketing em alusão ao aniversário da cidade que norteava suas ações de cultura e comunicação em 2015.[18] Essa estratégia publicitária construía *a marca Rio* (FREITAS, 2017), num ano entre dois grandes eventos, fortalecendo a ideia de "citymarketing" (HERSCHMANN e FERNANDES, 2018) em torno de nossa cidade, que se tornava cada vez mais uma plataforma de venda (Copa e Olimpíada).

Observávamos, nesse contexto, uma veiculação de imagens de cariocas felizes que, naquela narrativa e representação, aguardavam ansiosos a chegada dos Jogos Olímpicos, ocupavam praças, desfrutavam das novas obras do Porto e do Centro que trariam 'investimento' e 'progresso' a um povo que, teoricamente, e na visão deles, estava carente daquilo – algo do qual discordávamos, pois víamos de perto uma cidade bem diferente.

Na primeira pergunta feita pela jornalista durante a tal ligação que conto no início do capítulo, questionando sobre o que motivava aquele grupo de jovens a realizar tais ocupações independentes, pensei: "o que nos estimula é a raiva que estamos de vocês com esse projeto olímpico". Cordialmente, respondi de forma diferente e expliquei didaticamente nossos propósitos, num esforço cognitivo de tentar aproximar visões de cidade tão distintas numa conversa jornalística sem grandes conflitos.

Naquela mesma semana, fui também encarregado de escrever, ao lado da redatora Bruna Messina, um release que seria enviado à imprensa a respeito de nossa atuação conjunta de coletivos nos jardins do Passeio Público. Empolgado, finalizei o texto com a frase "Esta é a maior ocupação cultural independente na história recente da cidade". Quando apresentei o texto aos outros colegas produtores, fui "repreendido". Carlos "Lencinho" Smith, mestre de cerimônias do Circo Voador, figura importante em várias gerações de ocupações culturais da cidade, chamou a minha atenção. Me disse, carinhosamente, que não éramos a maior, mas sim, o grupo da vez.

Assim como nós, anos antes, vários grupos se posicionavam de forma potente, entre tantas outras gerações e grupos culturais que compartilhavam sonhos e a vontade comum de mergulhar na cidade, experimentando-a. Estavam no Carnaval de rua, mas também nas rodas de

---

18 Plataforma Oficial da Rio 450 no Youtube. Disponível em: <goo.gl/WK22Lo>. Acesso em: 21 jul. 2019.

rima, coletivos universitários e de favela, saraus, rodas de maracatu ou hardcore e vários outros grupos. E que vários novos movimentos também viriam depois. Nesse momento, passei a pensar nessa renovação de ciclos da cultura na minha cidade e em quantas outras gerações da metrópole também produziam suas ocupações motivadas pela mesma raiva e paixão que nos movia. Em como, independente de se tratar de carnaval, rock, rap ou teatro de rua, todas essas formas de ocupação têm muito mais propósitos comuns do que diferenças.

Foi justamente a partir da maior experiência e contato com gerações e grupos do passado e de várias naturezas no campo da cultura, que também surgiu a motivação de eternizar essa breve história das ruas cariocas nesses anos específicos nas páginas de uma dissertação e agora em livro. O Carnaval é o vetor, mas ele se articula com um cenário mais amplo e seus atores muitas vezes são os mesmos.

É difícil cravar se um período de quatro, seis ou dez anos entre a ocupação cultural de alguns grupos vai ficar marcado numa metrópole de história secular e sempre ligada à festa. Mas certamente, para quem viveu cada cortejo, caminhada e invasão festiva em praça, ponte, parque ou viaduto em todos esses anos, a cidade sempre vai ser um lugar sagrado, profano, misterioso, físico, sensível e fascinante. Que só pode ser explicado integralmente se também vivido e experimentado de perto com paixão.

UM RIO QUE JÁ TINHA HISTÓRICO DE PROIBIÇÕES, REMOÇÕES E DIÁSPORAS

Em 2016, produzíamos a segunda edição do Festival "O Passeio é Público" naquele histórico parque, que, no passado, beirava as águas do mar. Uma situação curiosa vivida nessa data me alertou para uma relação de transformações do Rio, que é importante contextualizar por aqui.

Na ocasião, fui chamado às pressas para ser o mestre de cerimônias de um dos palcos. Recordo-me de não ter muita ideia de que tipo de trabalho exatamente fazia o Coletivo Audiovisual João do Rio, que se apresentaria no evento, quando eu deveria apresenta-los. Comecei, portanto, a falar ao microfone algumas das referências que eu conhecia a partir do nome do famoso *flâneur* carioca dos anos 10 do século XX. Eu olhava para o público e berrava "Coletivo João do Rio! Fazem cinema a partir da homenagem ao nosso errante escritor, que circulava pelas ruas da cidade! Encarava as praças, se encontrava nos caminhos!", entre outros comentários que fazia, contando com a sorte daquilo dar certo.

Por curiosidade, Ronald Almenteiro, um dos produtores do coletivo, se empolgou com a minha fala e confirmou o recado. Assim, começou a repetir sobre essa imagem do próprio João do Rio, possivelmente ali mesmo no próprio Passeio Público, um século anos antes, flanando pela cidade à beira-mar naquele jardim. Pensei em como o mar já esteve à beira do Passeio Público antes de a cidade construir seus enormes aterros. Em como era louco ocupar uma metrópole que muda tanto. Um território desde sempre em constante e violenta modificação.

É necessário refletir que essa recente transformação da cidade, a qual víamos diante de nossos olhos com os Jogos Olímpicos, era apenas mais um capítulo de uma vida urbana que há séculos tem as mutações e diásporas como capítulos de sua trajetória. O Rio modificado nos anos 2010 se relacionava diretamente com outras transformações que atravessam a identidade e a formação cultural carioca. Por isso, apresento a seguir brevemente essa relação histórica e diaspórica de uma cidade "formada na base da porrada".[19] Para isso, voltemos por um momento ao passado.

Scarinci e Junior (2017) nos mostram o Rio de várias mutações ao tratar do contexto do século XIX. Esses pesquisadores apresentam como a ação dos pântanos e a presença das montanhas eram tidos como alguns desafios para a expansão urbana carioca num contexto onde a população vivia apertada em ruas do Centro. No desenrolar desse mesmo século, como apresenta Ferreira (2000), as epidemias começam a aparecer como novos problemas a serem superados, o que provoca uma transformação no modo do carioca de habitar a cidade. O mesmo autor alerta ainda para o quanto a má fama carioca como cidade doente chegou inclusive a afastar navios de seu porto naquele período. Isso estimulou várias práticas higienizadoras e também racistas de exclusão e remoções de casas.

Ainda durante o século XIX, especialmente em seu final, o Rio de Janeiro impõe reformas urbanas que novamente removem pessoas e modificam as maneiras de habitar a cidade, deslocando sutilmente a localização do próprio porto. Com pretexto da modernização, os ideais

---

19 Ouvi este termo de uma professora e acredito não exista melhor definição sobre a dolorosa história de formação do Rio de Janeiro.

de uma reforma parisiense atravessam o século para ordenar a cidade em ruas mais largas, até culminarem na famosa reforma de 1910.

Como exemplo, temos a construção de um grande boulevard, que é até hoje a Avenida Beira-Mar (inaugurada em 1906), que liga o Centro à essa zona. Curiosamente, a relação da cidade com as águas de sua Baía passa a se transformar também nesse momento. Inicialmente visto como ato de saúde e salubridade, o banho de mar vira cada vez mais ato de lazer inspirado em tradições europeias. Ainda no trabalho de Ferreira, percebemos como a cidade, em sua necessidade de ser moderna, altera até a lógica do divertimento. O mar vira hábito de lazer.

Nesse processo "montanhas e florestas do Rio de Janeiro, citadas como recantos preferidos da sociedade carioca para realização de seus passeios, irão sofrer a concorrência das praias" (FERREIRA, 2000, p.30). Assim, alguns bairros atualmente muito conhecidos da cidade, como Copacabana, começam a receber as primeiras habitações, acompanhadas de um melhor avanço da estrutura de transporte urbano. Essa disposição urbana marca uma mudança de paradigmas e, de certa maneira, cria uma estrutura binária entre o mar das praias da Zona Sul e o mar do Centro e do resto da cidade. Esse fato se amplia especialmente pelo desaparecimento de muitas praias nessa região Central do Rio por conta da criação de aterros. Junto disso, as praias da Zona Norte e Centro vão ficando mais poluídas.

Rafael Freitas da Silva (2020), em trabalho que apresenta a história do Rio ainda indígena com nome de *Rio antes do Rio* – no tempo da ocupação hegemônica dos povos tradicionais – relembra que a partir de 1565 "um Rio de Janeiro teve que acabar para que outro pudesse nascer" (2020, p.13). É importante pensar como, nos mesmos espaços onde fazemos festa e fizemos hoje e ontem – diante da mesma Baía – muitos grupos sociais estiveram estabelecidos e foram se transformando e reinventando a vida. Nesse sentido, é importante pensar como essa região e cidade, ao longo de seus quase 500 anos de história conhecidas com o nome de Rio de Janeiro, foi um ambiente capaz de produzir muitas formas de subversão diante dos apagamentos que nela eram impostos. Uma cidade construída na marra e que ao longo da sua história foi contando com a vida boêmia e a festa como formas de produção de sentidos e valorização de múltiplos modos de vida.

Nessa linha, ao longo da pesquisa, deparei-me com uma íntima percepção que hoje amplia o sentido do mesmo trabalho: considerar a ancestralidade e a possibilidade de mergulhar numa cidade em diásporas e a investigar suas mudanças. Com minha mãe, meu pai, todos os meus avôs e avós tendo vivido no Rio de Janeiro desde seus respectivos nascimentos, é instigante perceber as mutações desta mesma metrópole entrelaçadas com a história da população que aqui vive. Afinal de contas, é também a minha história própria e a de milhões de outras pessoas que dessa realidade e ancestralidade compartilham.

Percebendo, por exemplo, a história do Rio de Janeiro nos últimos 120 anos, podemos perceber quando, diversas vezes, essas transformações urbanas tiveram sua resposta na formulação de novas potencialidades festivas e musicais como forma de resistência e socialidade. Como aqui trato de implicações no campo da cultura e da festa, é necessário comentar o quanto a produção cultural e inventiva carioca vai estar atrelada a esses processos de intervenções urbanas.

Ainda quando criança, em Vila Isabel, bairro onde cresci, eu tinha o hábito de olhar da janela algumas luzes que a cidade evocava. Longe da praia, costumava observar no céu a claridade reluzente entre o Estádio do Maracanã, os morros e favelas da região e ocasionalmente a claridade do Sambódromo vindo bem de longe em dias de desfile. De certa forma, todos esses espaços nos locais onde habitam tiveram origem a partir de processos de remoções na cidade.

Relembrando as diásporas cariocas no século XX, Simas (2019), por exemplo, recorda como o batuque da Escola de Samba da Mangueira desde os anos 50 é reproduzido da mesma maneira há décadas do outro lado da cidade na Vila Kennedy por conta de antigas obras e remoções que empurraram a população de uma comunidade para outra.

Segundo Simas, o fato ocorre graças às transformações urbanas que expulsaram, na década de 1940, parte da população da área da comunidade do Esqueleto na região ao lado da própria Mangueira.[20] Assim, a área que abre espaço físico para a universidade onde este trabalho foi concebido (UERJ), foi um foco de remoção de pessoas no passado para uma comunidade na Zona Oeste carioca. Nesse processo, como conta Simas, a bateria da Vila Kennedy (na Zona Oeste) teve origem ao lado da Mangueira e, portanto, "vai ter as mesmas características da bateria da Estação primeira" (2019, p.139).

---

20 A favela do Esqueleto foi removida antes do anos 50 da região onde hoje encontra-se a UERJ e o estádio do Maracanã.

Haroldo Costa (2000), na mesma linha, relembra o prefeito Pereira Passos e o impacto de sua política urbanística diante do Carnaval de rua nos anos 10, com fiscalizações e expulsões da população na rua. Mais de 100 anos antes de Eduardo Paes e das reformas olímpicas, portanto, Pereira Passos e suas remoções no Centro fizeram boa parte da população negra da cidade trocar a área do porto pelos morros e também pela região da Praça Onze, construindo ali os primeiros redutos do samba na capital fluminense, perto de onde se localiza hoje Sambódromo da cidade.

O trabalho de Rita Fernandes (2018) também relembra esse movimento já subsequente à uma demolição e remoções. Assim, cita a histórica movimentação cultural em torno da casa da Tia Ciata, na mesma praça da Cidade Nova, icônica referência cultural do Rio após a derrubada do Morro do Castelo e que no início do século XX abrigou a população diaspórica e tornou-se reduto de "sambistas, compositores, artistas, escritores, intelectuais e jornalistas que queriam conhecer suas comidas e os pagodes que ali se realizavam" (FERNANDES, 2018, p,41). Na época, vale ressaltar, o samba e a percussão em tal ritmo eram perseguidas no país.

Cíntia Sanmartin Fernandes e Flávia Magalhães Barroso (2019, p.17), aproximadas das brechas articuladas pela população negra no Rio histórico, destacam por exemplo, a importante presença feminina também nesse contexto, resistindo e criando diante de um regime patriarcal e de origem monárquica. Nesse sentido, apresentam a rica produção cultural na região do porto que emergia também como espaço de festa, que também é acolhimento e defesa para determinados grupos "dentro de um regime estruturado para submissão e obediência do corpo negro" (2019, p.17).

Na região, espaços como a Casa de Tia Ciata atuavam como "espaços de proteção e de expressão cultural" num tempo em que manifestações de matriz africana eram institucionalmente condenadas e proibidas. Assim como as capitaneadas por elas, muitas manifestações culturais de resistência ao controle arbitrário surgiam no porto, como destacam as pesquisadoras, em subversão a padrões culturais estabelecidos por lá.

> Este vetor comunicacional, aqui representado pelas festas, faz borrar o retrato estático da dinâmica urbana no Rio de Janeiro dividido entre opressores e oprimidos. O que vemos, através dos relatos dos viajantes estrangeiros que se debruçaram "ao nível da rua" – com toda sua bagagem

> eurocentrada – é uma cidade heterogênea em suas práticas, palco de con-
> flitos e tensões que comunicam, através de sua vocação festeira, dinâmicas
> sociais dissidentes." (FERNANDES e BARROSO, 2019, p.14).

Apesar de muito conhecida na história do Samba, essa região próxima também sofreu com remoções e diásporas conforme o Rio crescia e mudava, como na construção da Avenida Presidente Vargas. Sempre que um espaço era removido, vários novos ocupavam formas de habitar seus vácuos e brechas.

Souza (2006) relembra o contexto do bairro do Catumbi, que no século XX ao mesmo tempo em que recebeu moradores desapropriados de outras regiões, foi em seguida foco de remoções. Ali vivia a minha avó junto de seus vários irmãos, filhos de um motorista de bonde italiano de "péssimo português" que na área levava a vida entre trabalhos, apostas, bebedeiras e noites de boemia. Nesse período, era também momento da construção exatamente da Avenida Presidente Vargas, e vários grupos étnicos e excluídos da cidade se estabeleciam por aquele bairro, incluindo meus ancestrais.

Em plena ditadura do Estado Novo e apogeu do nacionalismo, o local recebeu imigrantes europeus com empregos de baixa renda junto de parte da população negra da cidade em nova diáspora, que ali foi viver a partir da demolição da Praça Onze juntamente de oficinas mecânicas, áreas de trabalho braçal, fábricas e comércio de rua. Naquele bairro, que também foi configurar-se como berço do samba, ciganos diaspóricos também se organizavam "de maneira muito eficiente a partir da regulamentação ritual da vida, expressa através de um calendário de obrigações (inclusive festivas)" (SOUZA, 2006, p.12). Não por acaso, naquele bairro, o Bafo da Onça firmou-se como um dos mais importantes blocos de rua do Rio em meados do século XX.

É curioso pensar como nesse processo de diásporas, diferentes comunidades formavam-se, juntando, por exemplo, desde o final do século XIX famílias negras vindas do Vale do Paraíba[21] a grupos de italianos pobres oriundos do Sul do país europeu, nordestinos ou portugueses, formando, no asfalto ou nas favelas, os sentidos de comunidades urbanas precarizadas do Rio e sua produção festiva.

---

21 Informação confirmada por Luiz Antônio Simas, em palestra no Viradão Cultural Suburbano, no Centro Cultural Jongo da Serrinha, novembro de 2019. Na oportunidade, havia uma rodada de apresentações de pesquisas, e um trabalho relacionado com esta presente pesquisa em parceria com Andressa Cabral Botelho também foi por mim apresentado.

É claro que essa diversidade étnica e cultural do Rio, na história corrente da cidade, acabou por erroneamente também a colaborar com discursos míticos e forjados de uma ideia de democracia racial que não existiu na cidade. Por outro lado, é necessário perceber como numa cidade feita por pessoas pobres e por indivíduos precarizados ao longo de sua trajetória, diferentes indivíduos oriundos de lugares distintos do planeta combinavam suas características nas ruas e na precariedade.

Quem observa de longe na TV os desfiles da Sapucaí, poucas vezes conhece a história de que atrás da Praça da Apoteose e muito antes da construção do Sambódromo já havia vizinhança musical com um bairro de história com tais remoções e de potência cultural diversificada. Suas marcas, assim como em todo o Centro do Rio, ficam presentes no modo de habitar a vida urbana a partir da subversão de suas dificuldades por diferentes grupos.

Nesse sentido, podemos pensar como uma nova relação diaspórica também atravessa uma realidade mais recente, com os grupos nos quais este livro trabalha diretamente. Afinal, na década de 2010, a trajetória do Centro do Rio esteve marcada em período de remoções físicas, abertura de novos negócios da cidade e novas estratégias de controle inseridas em altas de preços, embargos de alvarás e polêmicos planos de desenvolvimento urbano.

No porto, atualmente, nos poucos metros que separam o moderno Boulevard do Morro da Conceição ou de institutos culturais resistentes, podemos pensar também na paisagem reguladora em torno desses espaços. Enquanto turistas, grupos tradicionais e novíssimas praças compartilham espaços do porto, diferentes instituições de controle também ali se estabelecem, gerando impactos sobre sua ambiência. Em poucos metros, num caminho pelo Boulevard Olímpico, além do fluxo comum de policiais militares ou guardas municipais, podemos nos deparar com profissionais da Companhia de Desenvolvimento Urbano da Região do Porto, marinheiros, policiais federais, integrantes da cia que administra as docas etc.

Confesso que nas primeiras vezes que ali estive, em celebrações festivas, estranhei, por exemplo, a forte presença dos mesmos militares na área, especialmente na parte intermediária do Boulevard, oposta aos armazéns. Os mesmos, entretanto, habitam a região como fiscais desde antigos momentos do Brasil Colonial. A própria circulação e abertura de determinados espaços da Orla Conde se deu, justamente, por concessão da própria Marinha depois de conflitos institucionais com a Prefeitura.

Enquanto as instituições formais ali se adequavam, os grupos ocupam o espaço para realizarem festividades espontâneas a partir da oportunidade de preencher exatamente aqueles vácuos que estejam envolvidos em disputas legais ou administrativas. A região dos armazéns, por exemplo, abriga grandes galpões que passaram a despertar interesses distintos, especialmente do ramo de eventos e turismo, uma vez que o fluxo de pessoas passando pela região é intenso. Desse modo, pensar em focos de resistência dentro do próprio Boulevard é pensar nas possibilidades de ocupação e "Pirataria" festiva que se insiram ali, não só nos ataques festivos temporários, mas também no dia a dia.

Dadas as devidas proporções e compreendendo também que boa parte das festas tratadas aqui são feitas por produtores e foliões que nos anos 2010 sofreram com algumas repressões de alvarás, especulação imobiliária e fiscalizações, compreende-se como os mesmos, oriundo de outros espaços da cidade, atacaram a região do Boulevard Olímpico, Praça XV e vizinhança. De alguma maneira, o fazem também por conta de recente diáspora urbana que para ali os empurra. Piratas e forasteiros que, por diferentes razões, encontraram no Boulevard Olímpico um cenário de atuação diante de uma cidade cada vez mais vigiada, militarizada e em crise econômica, que sufoca a atuação da cultura de rua em determinadas áreas.

Pensar, portanto, nesses múltiplos processos diaspóricos atualmente é também relembrar as demais gerações que, junto das mudanças da cidade, também estabeleceram suas potências afetivas, transformadoras, criativas e desviantes nas ruas desta cidade que já foi Capital Federal. Reitera-se, por exemplo, em plena Praça Mauá a proximidade da região com a Ilha Fiscal, hoje facilmente vista numa rápida deriva a pé pelo Boulevard e que no passado abrigava as festas da nobreza brasileira, como o famoso Último Baile do Império.

Aqui, entretanto, reconheço interessar-me muito mais pelas festas que aconteceram nas brechas, muitas vezes perseguidas e construídas por uma população na rua que inventava e reinventa ainda a cidade, respondendo às transformações que a gestão pública e grandes autoridades fazem nela. Busco, portanto, os pontos em comum entre a cidade oficiosa da icônica Tia Ciata, aliada às derivas boêmias de João do Rio, as artimanhas da Nuvem Cigana de Ronaldo Bastos ou aos trambiques e desenroles de imigrantes ou apostadores do Centro da cidade no passado entre as histórias que – timidamente – minha avó[22] me transmitia de forma vaga e repleta de timidez sobre sua família.

AS DIÁSPORAS MUSICAIS DO PRESENTE E SUAS REINVENÇÕES

Em trabalho que escrevi em 2019 ao lado de Andressa Cabral Botelho e Igor Lacerda, colegas de mestrado, apresentamos as mudanças estruturais e reguladoras na região da Lapa entre o período pré e pós-olímpico que, possivelmente, também tenha impactado no final da década grupos culturais do Rio: empurrando festas e coletivos carnavalescos ocasionalmente para a Praça Marechal Âncora e proximidades do Boulevard Olímpico.

Na pesquisa, apresentamos como a fase dos megaeventos no tradicional bairro dos arcos também "afastou antigos moradores e frequentadores do bairro" (BOTELHO; LACERDA; BELART, 2019) pela alta de preços ou pela repressão. No início da mesma década, o popularizado "Jazz da Lapa", que influenciou blocos e coletivos culturais do Centro da cidade, também foi jogado futuramente para a os arredores da Praça Tiradentes. Ali, ajudaram involuntariamente a gerar naquela área vários focos de produção cultural naqueles anos, num movimento que já tinha sido iniciado também por alunos do Instituto de Filosofia e Ciências Sociais da UFRJ.

Junto desse processo, as políticas de maior controle e repressão – por parte inicialmente da Guarda Municipal e PM e em seguida do híbrido Lapa Presente em sua primeira década de atuação – também reúnem algumas queixas de músicos e produtores do bairro, gerando inclusive afastamentos e esvaziamentos. Nesse sentido, indica-se, a partir da cultura da noite e da música de rua, um recente

---

22 Minha avó, falecida em 2015, foi moradora do Centro e filha de um imigrante italiano motorista de bonde. Contava muito pouco sobre seu passado no Catumbi dos anos 1940 ao lado de seus irmãos, com os quais depois de mais velha preferia nem ter contato. Em pesquisa espontânea realizada recentemente por minha família por meio do site do Arquivo Nacional, recebemos informações que desconhecíamos. Seu irmão, também carioca da periferia do Centro – crescido no Catumbi e figura pela qual ela nunca revelava o passado – foi um dos maiores trambiqueiros do Rio de Janeiro entre os anos 1950 e 1970. O mesmo está presente em várias notícias de jornal e até páginas policiais da época ligadas ao universo da noite "Pirata" no Centro e posteriormente na Zona Sul, quando a boemia da cidade se espalhou por outros bairros.

êxodo de parte das reuniões musicais do bairro para outras regiões do Centro. Assim, proibidas ou tendo sua ação prejudicada numa região, determinadas festas e artistas acabam eclodindo pela cidade, atacando espaços que ainda as "permitem" ou onde as autoridades ainda não tenham muita consciência de sua realização. Muitas festas, portanto, foram mais recentemente "jogadas" para o porto oriundas de outras regiões do próprio Centro.

Jhessica Reia (2018) apresenta os impactos das várias políticas reguladoras diante da música de rua no Rio de Janeiro desde 2009, especialmente a partir das criações da Secretaria Especial de Ordem Pública, que teve influência direta também na vida noturna da Lapa recentemente. Nesse percurso, podemos perceber recentes repressões a alguns grupos e o surgimento de novas organizações de artistas para "garantir seus interesses, demandar legalidade e buscar a legitimação de sua atividade" (REIA, 2019, p.101). Nessa recente história, como destaca a autora, está, , o surgimento ainda em 2014 do Coletivo de Artistas Metroviários (AME) para organizar-se contra a repressão musical na linha dos trens subterrâneos da cidade.

Tratando desse mesmo coletivo, recordo-me com muito afeto das várias madrugadas e manhãs viradas banhadas a muito som de rua ainda em período pré-olímpico e pré-Lapa Presente. Ali, Thales Browne e Yuri Genuncio, membros do Coletivo AME, juntavam-se para tocar ao lado de viajantes argentinos em rodas musicais espontâneas do Bar da Cachaça, no coração do bairro, em tempos em que não existia tal regulação do Segurança Presente. Na época, como apresentam Herschmann e Cabanzo (2016), era notória a presença de imigrantes latinos de países vizinhos no Centro do Rio de Janeiro, construindo também parte integrada do já tradicional movimento das neofanfarras que ajudaram a transformar o Carnaval de rua da cidade de 2008 ou 2009 em diante.

Muito embalados pela realização sequencial de microeventos na cidade, permanecíamos todos nós juntos madrugadas adentro em notas musicais tocadas muitas vezes repletas de falhas, cervejas derramadas, barulho e euforia na região da Praça João Pessoa, pelo famigerado e citado Bar da Cachaça. O incômodo de alguns comerciantes donos de casas noturnas fechadas era constante, ainda que o movimento também as fortalecesse indiretamente.

Naquela época, a própria encruzilhada das ruas onde se localiza o citado bar foi rebatizada informalmente pelo grupo Sarau do Escritório. O grupo, que ocupava a região, rebatizou a praça para ser chamada

Praça Luana Muniz, mulher trans e liderança comunitária daquela região. Bahia (2016) também apresenta a efervescência daquela praça nos trabalhos desse coletivo por lá. Ali, música, teatro, dança, turismo e muitos encontros aconteciam, até que, de certa forma, o movimento da região foi se transformando e novos fatores passaram a empurrar parte da população boêmia da música de rua para novas áreas.

Considerando as antigas diásporas da cidade e reconhecendo as últimas movimentações entre forças reguladoras e reformas incidindo sobre a movimentação cultural da cidade, podemos perceber de que forma a derrubada do Viaduto de Perimetral e a construção do corredor do Boulevard Olímpico pode permitir também uma nova ocupação informal da cidade naquele próprio espaço, ocasionalmente com uma manifestação musical semelhante a que ocorria em outros cantos. A cidade que invade o Boulevard e áreas vizinhas por necessidade de continuar produzindo culturalmente nas brechas que encontra.

Essa dinâmica foi mais intensa do que o normal por conta de cortejos ou produções festivas realizadas por ali de forma pontual e não diária, especialmente ao longo de todo o ano de 2018. Notadamente, é importante reconhecer também o menor índice de vizinhos residenciais diretos atualmente vivendo especificamente no corredor daquela própria região[23] do novo Boulevard e proximidades. De certa forma, o fato indica maior propensão à realização desse tipo de encontro festivo por ali ou eventual maior "tolerância" das autoridades em algumas ocasiões por lá pela ausência de vizinhos.

Nesse mesmo processo, por fim, reconheço que com o passar dos anos, os próprios coletivos e grupos culturais foram se adaptando as novas tendências e atmosferas da cidade muitas vezes por vontade própria e outras por necessidade. O Carnaval de rua tido como "não oficial" passa a fortalecer-se cada vez mais e, junto dele, como comentamos, também aparecem múltiplas iniciativas Piratas e que rechaçam uma procura por formalizações oficiais diante da Prefeitura, inclusive como tática de resistência a suas sequenciais demandas.

---

23 A Região Portuária é repleta de moradores, que inclusive sofreram com gentrificações e remoções durante as obras olímpicas. O Boulevard, entretanto, localiza-se em área ocupada majoritariamente por galpões do porto.

Do Coletivo AME citado acima, por exemplo, alguns de seus integrantes foram dar origem a projetos como o bloco Charanga Talismã, que desde seu nascimento, em 2017, já realizou diversas ocupações pela cidade, sempre buscando as brechas e as não formalizações na Prefeitura, especialmente na Zona Norte. Músico integrante na linha de banjos e cordas do bloco, o músico Vítor Isensee (2019), em trabalho musical que canta a cidade em formato de crônica e rap, anuncia a nova efervescência cultural em torno do Boulevard Olímpico desde 2016, ao dizer que "estoura um cortejo na Mauá/Oito reais é o latão/ queriam que fosse Boulevard/mas isso aqui é calçadão".[24] E pouco a pouco, esse próprio Boulevard calçadão foi tornando-se espaço propício à invasão da música.

Com ela, fui também mudando minha maneira de olhar aquele território. Essa transmutação foi por mim praticada, naquilo que Maffesoli (2012) trata como conceito de "Homo Festivus" substituindo o "Homo Laborans". Deixando por um tempo de ser produtor, tornando-me apenas um participante e festejando sobre os próprios aparelhos dos jogos, todo aquele ego e energia produtivista de organizar festas para combater os megaeventos ia dando lugar a outro sentimento: um leve ar anônimo de habitar uma festa sem sentir que a mesma precisasse de mim para que ela existisse naquele momento, caindo no Boulevard por várias vezes e entendendo a simplicidade de poder ocupá-lo e reinventá-lo em outros sentidos.

Assim, muito mais do que a potência simbólica de estar construindo outras versões de cidade a partir de uma ideologia ou modo de vida combativo, sentia aquilo em meu próprio corpo, na vibração da música, no sorriso dos amigos etc. A consciência de saber os problemas do lugar onde pisava, mas a tranquilidade em sentir que não havia problema em experimentá-lo de um jeito lúdico: sentimento mútuo que Maffesoli chamou de "razão sensível" (2012, p.214).

Brevemente, recordo também da primeira vez que pisei ali no Boulevard recém-inaugurado, num passeio que fiz para acompanhar meu pai poucos meses antes. Olhar o espaço de outra forma, entendendo que a cidade é quem dita como uma obra ou reforma se dá. Protestei

---

24 "Rio by subway", faixa de Izenzêê no disco *Vida e nada mais*, lançado em 2019. O autor é também integrante do bloco Charanga Talismã e costuma, ao lado de Thales Browne, realizar intervenções poéticas simultâneas a cortejos musicais e Piratas no Rio.

contra os Jogos Olímpicos, mas no Boulevard depois de inaugurado via pessoas que ali passeavam, crianças que mergulhavam nas águas da Baía, curtiam a cidade. Quem era eu para condenar aquele corredor diante de tal cena e de tamanha simplicidade e amor pela vida?

Caminhar errante pelo Boulevard e áreas vizinhas pode exercitar essa diferença de conviver com minha visão passada sobre ele, minhas novas indignações do presente, mas também com a sedutora vontade de ressignificá-lo a partir das novas festas que ali ocupam. Manifestações capazes de circular pela extensão do Boulevard alterando entre praças, canteiros, mas sempre em movimento – seja de forma simbólica ou física. Investir na ocupação do Boulevard, Praça Mauá, Marechal Âncora e áreas vizinhas como uma brecha e possibilidade de recriação da metrópole.

Nessa linha, abrir-me à possibilidade da contradição, de festejar sobre um espaço que anteriormente representava o encarecimento de preços e enriquecimento de muita gente às custas de outras, me aproximava da possibilidade de entender que a ocupação de todo aquele espaço, em novas práticas, também era uma possibilidade política. Chamo dessa forma não só pela causa ou pelo ato, mas pela atmosfera que ali era gerada nos corpos de quem participava. Esse mesmo sentimento me dava novamente uma voracidade em estar vivendo aquele momento, naquelas festas, entendendo o significado sensível e afetivo daquelas novas ocupações.

Aproximo-me do que Maffesoli chamou de "irreprimível e selvagem querer-viver animal" (2012, p. 225). Celebrar, sorrindo e reinventando no próprio Boulevard. Mantendo corpo, alma e espírito em harmonia por ali. Assim, seguir encontrando a beleza e a potência da adversidade, como encontram ali mesmo as crianças que mergulham na água imprópria que banham a praça ou os peixes e ecossistemas que insistem em habitar a Baía em meio ao caos e a sujeira. Assim, começava a pensar sobre o quanto pode soar inclusive prepotente uma visão sobre essa cidade e aquelas reformas que não contemple esse possível lado simbólico, tático e sensitivo nas pessoas que habitam aquele espaço, sejam elas antigos moradores do porto ou não. Afinal, como já dizia Ronaldo Bastos em seus versos – "lembra que o sono é sagrado / e alimenta de horizontes o tempo acordado de viver" –, ou ainda que a festa, mesmo ocupando um lugar que foi construído num contexto controverso, como diz Maffesoli (2012, p.224), traduz uma "sede do infinito".

CAPÍTULO 3: UMA CIDADE PORTUÁRIA, PIRATA E BOÊMIA

FESTA À BEIRA DA BAÍA DE GUANABARA

Pensar nessa recente realização de festas ao lado da Baía de Guanabara é refletir sobre como isso dialoga diretamente com a história do Rio. Com as reformas do porto e especialmente depois da construção do corredor para pedestres no Boulevard Olímpico, é preciso destacar a migração diurna de alguns cortejos e ensaios festivos que costumavam acontecer mais próximos da zona sul, na área do Museu de Arte Moderna e Aterro do Flamengo, e que passaram a acontecer ocasionalmente também num litoral mais ao Centro da cidade – no porto e em plena Praça Mauá. Área, como como sabemos, de tradição portuária e onde muita história, sociabilidades e resistências se desdobraram. A cidade, sua cultura e sua baía: relação que a derrubada do viaduto acabou por revelar novamente.

Os pesquisadores Michel Misse Filho e Raquel Paiva Soares, em trabalho que contempla a narrativa de jornais cariocas a respeito da Baía de Guanabara entre 1940 e 1970, ponderam o quanto a própria Baía, antes de ser tratada como ambiente de poluição e perigo, era vista de outra forma. Segundo eles, a partir de meados do século XX, com o aumento da poluição, passa-se a perceber aquelas águas de forma pejorativa, enquanto ao longo de sua história mais antiga, "a baía foi referenciada por poetas, pensadores, cientistas, pintores e viajantes" (MISSE FILHO e SOARES, 2020, p.294). Assim, é interessante perceber como, de alguma maneira, parte da população carioca passou a virar de costas para sua própria Baía que por tantos séculos ajudou a construir as bases da população que aqui vivia.

A característica do Rio enquanto cidade portuária à beira de um estuário ancestral reforça também sua relação entre viagens, despedidas, diásporas urbanas, festas, reconstruções, apagamentos e necessidades (re)inventivas. Antes de ser uma cidade de belas praias, essa cidade como ambiente litorâneo está entrelaçado com sua marca de ser um histórico porto por essa mesma baía. E para além de quem se movimenta apenas voluntariamente, um porto carrega marcas de chegadas e partidas de várias naturezas. Isso imediatamente reverbera na cultura ali produzida.

Entre as errâncias com os cortejos, fui percebendo a potência simbólica daquela região que também é historicamente de festa. Como comentei, com o tempo, festa atrás de festa, desaguávamos ali naquela mesma beirada de suas águas. Assim, observava corpos pintados, gestos, músicas, estandartes, gambiarras sonoras, fantasias e cartazes traduziam o novo fazer político que reivindicava aquele espaço.

O sol da manhã que nascia na Praça Mauá, os marinheiros da Capitania dos Portos ao lado de trompetes e trombones carnavalescos na Praça Marechal Âncora. Uma nova possibilidade de ocupar o Rio emergia diante dos meus olhos, em ataques muitas vezes noturnos, poéticos, potentes e juvenis, que me relembravam os saques e deambulações de Piratas que ali chegaram a aportar centenas de anos antes. A cidade a partir de sua ancestral baía, que se estabelece em suas bordas de ocupação bem mais antiga e histórica.

Para além das manifestações *tradicionais e originárias,* sobre as quais tratarei mais adiante, destaco grupos que antes ou depois da derrubada do viaduto por ali estiveram em algum momento: Technobloco, Vamo ET, BatuqueBato, Quilombike, Ragga Bloco, Bloconcé, Tubas, Minha Luz é de Led, Cortejo dos Signos, Maracutaia, CPF do Crivella, Fanfarra Black Clube, Panamericano, Secreto, Viemos do Egyto, Agytoe, Studio 69, Viemos do Egyto, Tubas, Vulcão Erupçado, Technobrass, as partidas do Boto Marinho, TRANSPIRA, Filhotes Famintos, Bloco 442, Coletivo de Camelôs, Dali Saiu Mais Cedo, Cartela Nova, Boitolo etc. Além de vários outros que, por algum momento e em oportunidades diferentes, por ali passaram nessa década.

Nesse mesmo processo, destaca-se a trajetória de coletivos culturais que atuaram no mesmo período em semelhante região e mais frequentemente fizeram suas ocupações por lá e que se somaram a manifestações antigas, como veremos a seguir. Grupos, portanto, com relativamente recente trajetória de alguma forma entrelaçada por tais praças da Região Portuária, Praça XV ou vizinhança e se somaram a uma região que já contava com histórico de dezenas de iniciativas tradicionais de cultura.

Curiosamente, então, novos museus, navios e cortejos viram partes integradas de uma mesma paisagem cada vez mais frequente ao lado das águas de um estuário inegavelmente poluído. Para além de uma cidade litorânea e alegre com novos aparelhos culturais de uso diurno, é interessante perceber como essas manifestações se estabelecem à beira de uma Baía que é também laboratório de reflexão de um Rio de Janeiro entre seu passado e presente. Uma baía que também é de invasões, contrabando, espionagem, apagamentos. Fatos que se somam ao mosaico de relações distintas que sucederam por essas águas.

Magri (2019, p.15) debruça-se, por exemplo, sobre a metáfora dos navios no porto carioca, compreendendo as múltiplas possibilidades dos mesmos, evocando o sonho da descoberta e a entropia de um progresso desenvolvimentista que escraviza, destrói ou coloniza. Ou que em outros usos também recria, resiste e se esquiva de eventuais opressões autoritárias. Um porto sempre vai ter seus piratas e nem sempre os mesmos vão compactuar apenas com o que há de violento e sombrio, mas sim desconstruir possíveis arbitrariedades da lei.

Nesse sentido, aproximo-me novamente da ambiguidade contraditória dos Piratas, que ávidos por exploração, aventura e também contravenção e ilegalidade, constroem a busca de seus tesouros e ações à beira da Guanabara a partir da descoberta e da construção de novas potencialidades de vida. Tratar as festas aqui trabalhadas como Piratas, portanto, é muitas vezes reconhecer suas virtudes atreladas a suas falhas, invisibilidades, contradições e inquietudes por descobrir várias versões possíveis do Rio.

Também a partir de uma metáfora dos navios piratas, Nadja Vladi (2018) relembra outro fenômeno que tem relação com a cultura nas ruas de uma baía numa grande cidade portuária brasileira que se interconecta com o Rio: o *Navio Pirata* soteropolitano. O nome foi usado nos últimos anos em Salvador pelo projeto Baiana System para batizar seu trio elétrico no Carnaval entre 2010 e 2018. Curiosamente, a banda, que inicialmente usava apenas a guitarra baiana, incorporou também o som dos graves, especialmente depois do contato mais amplo com o músico B Negão, ícone de coletivos cariocas do passado e que cresceu entre as ruas cariocas do Centro, Lapa e Santa Teresa.

Assim, na última década, a 1500km do Rio e em outra cidade que também viveu processos de especulação, remoções e encarecimento imobiliário a partir dos megaeventos, um Navio Pirata circulava em festa. Salvador, que também recebeu diásporas e navios exploradores com cretina missão colonizadora, abria espaço para o trabalho de coletivos juvenis que passaram recentemente a se aproximar da simbologia pirata para pensar o Carnaval "em suas diversas territorialidades (afetivas, econômicas, políticas, sonoras" (p.266), especialmente através da política e da estética.

A primeira vez que vi um show do grupo no Rio tinha sido ainda em 2013 ou 2014, num evento produzido coincidentemente na rua de minha casa pelo coletivo carioca Norte Comum. Ao longo do show, a participação de B Negão, conhecida figura carioca tocando ao lado da banda ainda pouco conhecida no Rio, havia me chamado atenção. O som grave suingado e essa união Rio-Bahia era feita num evento produzido por jovens da Zona Norte que divulgavam novos nomes na cena local do Rio em intercâmbio com outros artistas do Brasil. A efervescência cultural e intercâmbios daqueles anos do Rio, onde parte da população protestava contra gastos da Copa e reformas do Porto, eram capazes de produzir muitos encontros, amizades, surgimento de novos coletivos, geração de renda etc.

Na mesma época, na Bahia, o Baiana System tinha acabado de gravar um álbum com título de *Pirata* e começava a ser figura marcante do Carnaval local. Poucos anos mais tarde, ao lado do próprio B Negão, o Baiana System fazia históricas apresentações pelo Pelourinho e também subia em circuitos soteropolitanos do Carnaval de rua com seu trio Navio Pirata. A experiência da banda na Baía – que ajudou a criar estéticas para romper com sectarismo das cordas separatistas de abadás e pipoca das micaretas – é uma boa experiência para refletir como a ocupação de espaços de poder na cidade de maneira subversiva são possíveis para reinventar práticas estéticas e políticas. Fazer Carnaval, fazer festa, disputando espaços de poder onde os mesmos são hegemônicos e reproduzem seus apagamentos. Daí a importância de pensar ocupações pelo porto carioca também dessa maneira. E no Rio não foi diferente.

Nesse elo portuário ruas cariocas-Bahia, junto da ideia de Navio Pirata, outra conexão importante se estabeleceu e estimulou a escrita deste livro. Nesse mesmo período citado acima, meu parceiro baiano DJ Jada tinha passado a viver no Morro da Conceição.

Jada via semelhanças no porto do Rio e no porto de Salvador. Ali, perto da Pedra do Sal, organizava os eventos do coletivo Quermesse que unia discotecagem e gastronomia numa comunhão Rio, Bahia, Jamaica ao lado de outros importantes colegas como Eloy Vergara, Isabel Figueiredo, Pedro Carneiro, o pai Roberto Carneiro, Igor Abreu, Akemi Hirose, entre outros.

Com alguns deles, pouco antes da inauguração daquelas novas obras da Rio 2016, tive a oportunidade de organizar, na região no Largo São Francisco da Prainha, vizinha ao morro e à Pedra, uma ocupação musical ao lado do próprio coletivo Quermesse e com a nobre participação do músico e poeta Marcelo Yuka, a convite do artista Fellipe Mesquita. Yuka, que dispensa comentários, tinha vivido toda a catarse cultural nas ruas cariocas de décadas anteriores e foi importante figura na cena de rap, reggae e hardcore que revelou nomes como o próprio B Negão, Marcelo D2 e, claro, O Rappa. Nos anos 90, inclusive, ele havia regravado com a banda em levada de rock e reggae uma letra do bloco carnavalesco afro baiano Ilê Ayê.

Assim, na cia de Yuka, escolhemos, ao lado do Coletivo Quermesse, exatamente essa região portuária tão impactada pelas obras do porto, de tradição baiana e carioca, para uma singela tarde de ocupação e muito som na rua com shows. Nosso evento foi independente, reuniu visitantes externos e alguns moradores do próprio Morro da Conceição.

Naquela noite, Yuka, 25 anos mais velho que eu, muito atento nas novas gerações e acometido por problemas de deslocamento por ter se tornado cadeirante, encerrou a festa nos agradecendo por "o termos tirado de casa para viver a cidade novamente". A Região Portuária abrigou naquela noite uma das últimas manifestações festivas organizadas e vivenciadas por Yuka na rua.

Foi desse artista tocando de DJ conosco numa praça historicamente ocupada pelo bloco Escravos da Mauá e por outros grupos antigos, que ouvi pela primeira vez outra frase marcante que justifica a existência desta pesquisa e livro. O artista, acometido por tais problemas mobilidade, dizia sobre pensar a cidade como "corpo social" e extensão de nossos próprios corpos. Por isso, reitero a perspectiva de como o Carnaval de rua no Rio e outras manifestações similares de arte nos espaços públicos são irmãs urbanas.

Motivado pelo encontro naquele evento e por ouvir as palavras de Yuka, ainda em 2015, dias depois da festa que produzimos juntos, decidi ler biografia do artista carioca, publicada um ano antes por Bruno Levinson em parceria com o poeta (2014). Na obra, me deparo com Yuka narrando exatamente sua experiência de cidade durante sua juventude, na mesma idade que eu tinha.

No livro, ele apresenta, inspirado nos parangolés de Hélio Oiticica e seus carnavais, um cotidiano que constituiu sua formação artística, pautado na circulação, na observação dos grafites, na simpatia pelos músicos de rua e pelas brechas. Yuka, que também já havia criticado as marcas de um passado colonial carioca que acontecia exatamente ali naquelas áreas – como nos versos de "todo camburão tem um pouco de navio negreiro" – apresenta também uma outra vertente de pensar, vibrar e viver o Rio a partir do que a cidade apresenta de subversivo e potente em suas reconstruções. Uma vontade incessante de olhar a cidade com seus próprios olhos, revertida em suas letras repletas de urbanidades específicas que nossa cidade carrega. Observando com atenção o trabalho do músico tendo conhecimento desta perspectiva, destaco os versos de "O que sobrou do céu":

> O som das crianças brincando
> Nas ruas como se fossem quintal
> A cerveja gelada na esquina
> Como se espantasse o mal […]
> Pra gente ver, entre os prédios
> E em nós, o que sobrou do céu
> (Yuka, O Rappa - *Lado B, lado A*, Faixa 4, 1999).

A reflexão de Yuka em tais versos, refletindo sobre a perspectiva do lúdico na cidade entre as frechas dos prédios, debruçado sob o concreto da urbe, mas valorizando sempre os pequenos instantes, poderia dar título a este livro, pois resume seu sentido de existir. Inspirado também nessa perspectiva, muito próxima de uma prática instigada e intensa que carrego com a cidade do Rio de Janeiro já na própria vida, é proposta aqui uma reflexão apaixonada pela cidade para "olhar e fazer-se olhar" (CANEVACCI, 2015, p.263).

Caminhando e festejando na rua, busca-se também os cheiros, as imagens, as atmosferas de uma cidade em que podemos, acima de tudo, perceber. Inspiro-me também nas palavras de Marcos Lacerda (2019) em trabalho a respeito da obra do já citado poeta Ronaldo Bastos, tradicional folião e poeta de antigos e atuais carnavais cariocas. No texto, ele reitera a importância de perceber "o movimento da vida no fundo das coisas do mundo. Deste mundo que está aqui. Não de outro mundo possível." (LACERDA, 2019, p. 53).

Este livro segue, portanto, um contemplativo ritmo de sair à cidade entre a festa e a política, caminhar e ter prazer em olhar para ela acompanhado de qualquer outra geração que tope o convite de vir junto. Numa capital portuária de chegadas, partidas e vibrante vida na rua, tudo isso fica muito mais intenso e a responsabilidade aumenta.

AS FESTAS, O PORTO DAS ANCESTRALIDADES E A CULTURA MUSICAL

Compreender a atuação Pirata desses grupos atuais aqui pesquisados é, inicialmente, entender que muito antes deles, outras manifestações ali já estavam. Como comentei, as festas aqui me refiro como *Piratas* porque, além de trabalharem na informalidade e em ataques repentinos, *não possuem a mesma territorialidade* das festas ali tradicionais, nem mesmo fazem parte da nova programação turística na região. Para entender melhor esse movimento no porto, é preciso sair de suas bordas, como faremos a seguir.

Era véspera de Carnaval quando eu estava em algum bloco pirata, num domingo de 2018, próximo ao Boulevard Olímpico. Naquela tarde, saí dali para acompanhar uma amiga que participava de um coletivo de percussionistas mulheres que acontecia exatamente na Pedra do Sal, parte interna da região. Deixei, portanto, um bloco Pirata que estávamos próximo ao Boulevard para logo em seguida acompanhar a apresentação do grupo dela na Pedra. Poucos metros separavam a festa que eu estava antes daquela do porto negro e tradicional em seu interior. Bambas de Saia é um projeto do professor Wagner Silveira que ocupa há anos a região.

Eu já tinha o hábito, há muitos anos, de frequentar os sambas de segunda ou finais de semana naquela área, já tinha produzido eventos na praça vizinha como aquele de Yuka, mas ali era diferente. Uma festa íntima, organizada por moradores, com pessoas tradicionalmente acostumadas a estarem ali sem precisarem das multidões. O banheiro era improvisado nas casas dos mesmos. A comida também feita por quem ali vivia. As piadas, brincadeiras e as referências ao microfone também eram internas. Além de carregar uma ancestralidade, esses códigos traziam uma perspectiva de territorialidade.

Rogério Haesbaert (2016), apresentando uma perspectiva materialista, aborda a noção de território a partir da ideia de defesa. Nesse sentido, reforça a origem etimológica do próprio termo, na perspectiva de disputa, proteção e controle. Aproximando-se de Souza (1995), o autor reitera também a dimensão política nessas discussões, para além de uma perspectiva jurídica ou estatal, e a partir do que chama de "amplo sentido racional que assumimos para poder" (HAESBAERT, 2016, p.68). Da mesma forma, o autor reconhece a importância do simbólico e da ideia de pertencimento nessas discussões. Portanto, defende-se um território, também por sentir-se parte dele.

Pensar na experiência da Pedra do Sal ligada justamente à essa perspectiva da defesa nos faz conceber o quanto aquele território, de forma ancestral, esteve ligado a uma ideia de disputa e diáspora. Se com o projeto de "revitalização" da região "ainda não se conseguiu dar devido destaque à cultura afro-brasileira que sempre teve uma presença marcante na localidade" (FERNANDES e HERSCHMANN, 2018, p.22), as festas piratas que penetram a região também não o fazem na maioria das vezes. Pisar na região portuária de forma inocente, em blocos "clandestinos e secretos" que não dialoguem diretamente com a ancestralidade da região, é de certo modo *invadir* um território alheio. Nesse mesmo local, dia após dia e durante séculos, uma resistência vem sendo defendida por grupos que ali vivem e disputam.

Depois de ter vindo de um bloco Pirata que ataca a região e me estabelecer numa festividade típica daquele lugar, me proponho a pensar em suas particularidades e distinções. Aproximando-me também dessa perspectiva da etimologia do termo *Pirata*, podemos refletir que o mesmo normalmente carrega a perspectiva romântica daquele que navegava nos corsários. Essa visão, entretanto, esconde a leitura semântica do mesmo *Pirata* enquanto um "ladrão" ou "invasor". Ocupar o porto em festas e cortejos *que não são dali* é também, de certa forma, invadi-lo. É, como disse, também uma prática de mergulhar por um território carregado de ancestralidade e disputas próprias, que não têm necessariamente a ver com as festas que ali ocupam e vão embora. Por essa razão, as chamo de forasteiras.

Cíntia Sanmartin Fernandes e Micael Herschmann (2014) nos apresentam ainda as múltiplas sonoridades do território da Pedra do Sal recente, feitas em parceria com a população dali e capazes de flutuar pelo jazz, samba, black music, entre outras distintas manifestações. Especialmente ligadas à cultura negra, vão representando uma ancestralidade presente no local há muito mais tempo que a maioria das festas analisadas por mim aqui.

Como nos mostra Andressa Cabral Botelho (2015), a Pedra do Sal configura-se como um polo de resistência e negritude. O porto, representando uma necessidade de controle e fiscalização, por diversas vezes buscou "revitalizações" que reproduziam racismos, exclusões e disputas, como nos apresenta a pesquisadora. Mesmo assim, sobre ele permaneceu a essência da festa e do efêmero.

Desde 2014, já durante o processo olímpico, a região passou a ser reconhecida na Prefeitura como Área de Especial Interesse Cultural (AIEC), configurando-se como um quilombo urbano.

> A Pequena África, localizada próximo à Praça Mauá, entre os bairros da Gamboa, Saúde e Santo Cristo, possui sua história intimamente ligada à escravidão e à resistência negra. Era pelo Cais do Valongo, aterrado até pouco tempo antes das obras dos megaeventos e reconhecido como Patrimônio Mundial da Unesco desde 2018, que a mão de obra escravizada entrava no Rio de Janeiro. A chegada dos negros naquele local se deu no século XVI, com sua vinda para a carga e descarga de sal. Com a proibição do tráfico negreiro em 1831 e mais adiante, com o fim da escravidão, muitos negros, principalmente da Bahia e do interior do estado, vieram ocupar o local. (BELART e BOTELHO, 2019)

A área da Pedra do Sal, entretanto, tem um aspecto muito diferente da reformulada e novíssima região do Boulevard Olímpico. Preservando traços de uma arquitetura antiga e ancestral, remete a uma viagem no tempo. Da mesma forma entre as duas áreas, também podemos notar que a região Portuária, em sua amplitude, em muito destoa das modernas e novíssimas instalações do Boulevard. Próximas da região, espaços como a Casa Porto e Casa do Nando também se estabeleceram como importantes polos de cultura e intercâmbio por lá.

Nesse sentido, os bairros de Santo Cristo, Rodoviária, a Pedra do Sal, a Praça da Harmonia, o Largo São Francisco da Prainha e muitas outras localidades em questão, carregam desde sua arquitetura a outros atravessamentos, uma simbologia muito diferente daquela que o território do Boulevard Olímpico assume.

A região do Valongo, por exemplo, apresenta algumas das múltiplas transformações sofridas pela Zona Portuária da cidade. Freitas e Mello (2017. p.84) apresentam historicamente que a primeira intervenção no espaço foi feita apenas 30 anos depois de sua construção quando, na ocasião, o local mudaria de aparência para receber a noiva de D. Pedro II. Assim, como reportam os pesquisadores, o antigo porto negro passou a levar o nome da nobreza ao ganhar o título da esposa do Imperador. Anos depois, "com as reformas urbanísticas promovidas pelo Prefeito Pereira Passos, no início do século XX, o Cais da Imperatriz foi aterrado em 1911." (FREITAS e MELLO, 2017, p.84). Anos mais tarde, a região abrigava moradias de baixo custo para estivadores, migrantes nordestinos, portugueses, entre outros grupos.

Na história de tantas transformações, diferentes focos de resistência da população em suas bordas se estabeleciam e junto delas o controle e vigilância. Alheios a eles, grupos externos e piratas se fixaram pelo espaço. É claro que a comparação é simbólica, mas pensar as atuais manifestações festivas enquanto alheias às complexas relações que ali se estabelecem, é também discutir sua própria essência, propósito e modo de atuação, ainda que essa relação não seja simples.

Nascido entre a Saúde e Gamboa em 1993, o Escravos da Mauá surgiu de reunião entre funcionários públicos do Instituto Nacional de Tecnologia e outros moradores ou trabalhadores dessa área em questão. Dialogando com perspectiva da negritude e temáticas relacionadas, como o samba, o grupo foi incorporando as mudanças no território, trabalhando as referências das colônias de baianos que ali se estabeleciam, dos antigos ranchos de outras bases da cultura popular carioca. Foi, inclusive, durante meu encontro com os fundadores do grupo, definitivamente, que passei a confirmar a percepção de observar os novos blocos "forasteiros" da região como Piratas.

Ricardo Costa, fundador do bloco, relembra[25] que geograficamente essa região portuária, a partir de intervenções urbanas no Rio de Janeiro, passou, urbanisticamente, a assemelhar-se à uma "Ilha", isolada do restante da cidade por aterros, cortes e avenidas que a separavam do Centro mesmo ali estando. Nesse sentido, o espaço, segundo Costa, abrigaria "tesouros submersos" que faziam a imagem pública

---

25 Entrevista realizada no dia 3 mai. 2019 para a Cartografia Sensível das Cidades Musicais do Estado do Rio de Janeiro, que vem sendo elaborada pelo NEPCOM-UFRJ e o CAC UERJ.

da região nos 80 ter um imaginário "portuário no sentido mais pejorativo possível", mas que mantinha uma série de perspectivas preservadas, incluindo, por exemplo na própria arquitetura. Eliane Costa, que também é fundadora do bloco, relembra como a região era mal vista nos primeiros anos em que o grupo passou a ocupar musicalmente aquela área.

Numa abordagem histórica, Ricardo Costa destaca o próprio largo São Francisco da Prainha, ao lado da Pedra do Sal, como uma praça mesmo em dias atuais, muito semelhante a praças típicas portuguesas em Lisboa. É claro que uma região portuária, numa cidade de tenebroso passado escravista e antiga Capital de um país, representava um espaço também de acolhimento e disputa da população mais empobrecida. Sobre eles, Simas (2019) recorda o tratamento dado pelas autoridades cariocas em determinante momento de formação nacional:

> Em certo momento crucial para o Rio, aquele da transição entre trabalho escravo e o trabalho livre e entre a Monarquia e a República, a cidade encarou os pobres como elementos das "classes perigosas" (a expressão foi largamente utilizada em documentos oficiais do período) que maculavam, do ponto de vista da ocupação e reordenação do espaço urbano, o sonho da cidade moderna e cosmopolita. (SIMAS, 2009, p.13).

Nesse sentido, pensando em processos diaspóricos de deslocamentos forçados ou por busca de melhores condições de vida ou dignidade de existência, como muitas vezes já aconteceram naquelas ruas portuárias, apresento também as palavras de Canevacci, que relembra "dimensão histórico-cultural" (2013, p.106) de uma diáspora. Segundo ele, a mesma nunca esteve subserviente ao Estado e estaria sempre adepta da recriação e fortalecimento sincretismos criativos nas brechas da cidade, por necessidade de sobrevivência.

Apaixonado pela potência desordenada das cidades, que reproduz sim exclusões, mas também indescritíveis potências de reconstrução a partir desta própria desordem que vai reverberar nas frestas de tais espaços, Canevacci afirma que especialmente as áreas metropolitanas que "acolhem e mudam graças às migrações diaspóricas e não por causa das correrias nômades" (2013, p.106).

É exatamente nesse sentido que múltiplas manifestações diaspóricas foram somando ao intenso e festivo cotidiano dessa cidade em seu porto, construindo por ali sua trajetória. Como nos mostra Haroldo Costa (2000), a própria Zona Portuária também contava com a presença de ritmos de Pernambuco, fazendo parte, por exemplo, do antigo "Dia dos Frevos", que chegou a ser instituído no passado como o sábado de Carnaval da cidade. No documentário *Morro da Conceição*,[26] dirigido Cristiana Grumbach, antigas moradoras relembram a grande presença portuguesa com as Festas Juninas ali realizadas. Também relembram dos cortejos de moradores que eram marinheiros ou militares músicos que ali se estabeleciam. Uma vez deixando de ser forasteiros, esses grupos buscavam construir territorialidades específicas e a trabalhar seus encontros naquele espaço a partir da cultura e da vivência. Os cortejos Piratas atuam de forma diferente disso.

Caminhar pela região ouvindo histórias de moradores, é absorver sua ancestralidade em contos, paisagens e marcas que podem, exatamente, ter origens distintas. Freitas e Mello (2017) reafirmam essa presença de manifestações regionais atualmente na área, apresentando que, sobre o Cais do Valongo, no porto, blocos de matriz africana como Orunmilá e o Filhos de Gandhi resistem.

O último, inclusive, é lembrado por Costa (2000), em sua exposição sobre a presença dos blocos afro da Bahia por ali. O Filhos de Gandhi, oriundo do porto de Salvador, tinha desde 1949 uma relação direta com os estivadores da área e era formado pelos carregadores do porto na região do Comércio, importante bairro da capital baiana. O próprio Gandhi tem sua agremiação sediada em terras cariocas, como citei anteriormente. Inspirados em afoxés do tipo ou em manifestações mais recentes como "no Ilê Ayê e Olodum", surgiram blocos outros similares ao Gandhi no Rio.

Nas oportunidades que tive de ocupar o porto enquanto produtor ou simplesmente acompanhando festividades de amigos, como do citado Coletivo Quermesse e Acarajazz, era, de fato, muito marcante também a presença baiana e nordestina na região. A mesma rua Jogo da Bola, onde mais recentemente ocorria a Quermesse, abrigava no passado, como nos lembra Haroldo Costa (2000, p.181), até manifestações de frevo pernambucano, "como o Clube dos Vassourinhas, homônimo de um dos mais famosos de Recife". É também dali que até hoje a Banda da Conceição faz seus cortejos carnavalescos.

---

26 Disponível em: https://www.youtube.com/watch?v=LbGoGICpmuE

Se pensarmos na tradição de blocos ancestrais como Filhos de Gandhi, nas baianas da Conceição, a roda da Pedra do Sal, o próprio morro da Providência, Banda da Conceição, Escravos da Mauá, ou os mais recentes Prata Preta, Coração das Meninas, Moça Prosa ou Baile do Black Boom, Samba de Lei, entre outras várias manifestações, especialmente da cultura negra ali no porto, percebemos que já carregam essa ambiência da festa atrelada à perspectiva da resistência. Também por ali foi lançada em 2020 a base do Instituto Marielle Franco, com diálogo com vários coletivos culturais do Centro. Nessa perspectiva, o habitar o porto já se configura como estado de resistência, que se amplia a partir de novos processos e disputas no local.

Enquanto as festas piratas e forasteiras realizam seus ataques noturnos, efêmeros e temporários, muitas vezes sem muita preocupação com o que acontece ali depois que a festa acaba, na área do porto, manifestações tradicionais do território reafirmam seus processos ancestrais. Bahia, Pernambuco, África, Caribe e outras regiões do planeta se unem num território de energia musical de base periférica e de luta política que durante toda a década demarcava seu espaço.

O PORTO NOTURNO E DOS BOÊMIOS: A CIDADE QUE SÓ QUER RUA

Por mais que o Centro e a região portuária do Rio tenham essa potente produção musical e festiva à noite e em alguns pontos específicos, a maioria das incursões turísticas e atrativos oficialmente estimulados pela Prefeitura e iniciativa privada com as obras olímpicas lidou com passeios diurnos por lá. À exceção de novos galpões festivos ocupados na região do Santo Cristo, a maioria dos novos aparelhos culturais construídos ou estimulados depois das obras são museus, cenários de fotografia, grafites de artistas consagrados etc.

Por outro lado, Rita Fernandes (2019, p.93) relembra como desde os tempos de Brasil Colônia os botequins e a boêmia, por exemplo, foram grandes demarcadores de socialidade e de características e modos de vida dos habitantes dessa cidade portuária. Também por essa razão, reforça-se a ideia de uma boemia presente nas festas como construtora de novos arranjos sociais e espontaneidade numa região que pouco valorizou espaço para isso em seu novo corredor turístico. É nessa subversão e desvio construído em tais momentos vagantes e boêmios, que proponho perceber o ataque das festas.

Enquanto a Pedra do Sal fervia em festas de rua e o bairro do Santo Cristo abrigava recentes espaços de noitadas em tais galpões culturais, o Boulevard Olímpico ficava majoritariamente restrito a uma ordem de passeio vespertino quando os cortejos ali não estavam. Na rua do Ouvidor mantinha-se a tradição de rodas de samba. Próximo ao aeroporto Santos Dumont, algumas festas independentes ao som de rap e trap ocuparam o deck algumas vezes. Já Praça XV, que cruza novos empreendimentos de obras, a juventude do skate continuava sendo a maior responsável pelas ocupações culturais do espaço, como nos mostra o trabalho de Flávio Barroso (2018). Naquela vizinhança, o Arco do Teles contava com algumas festas independentes. Perto da Tocha Olímpica, a Casa França Brasil e CCBB chegaram a organizar seus eventos contando com produção de alguns coletivos.

Na Praça Mauá, como o funcionamento dos museus e centros culturais vizinhos era limitado aos horários previamente estipulados pelos mesmos e sua programação festiva era rara. Acabava prevalecendo pelo turismo uma ambiência condicionada ao aspecto diurno, que é quebrada na ação dos coletivos de rua. No Museu de Arte do Rio até chegou a existir um calendário de programações de shows oficiais, inclusive com curadoria do Circo Voador, mas a maior parte das atividades era feita informalmente em áreas vizinhas por coletivos culturais nas ruas.

Júlio Barroso, icônico produtor cultural carioca[27] que trabalha na Casa Porto, no Largo São Francisco da Prainha, relembra que desde os anos 2010, alguns shows e festas oriundas de outras regiões da cidade começaram a acontecer de maneira independente na Pedra do Sal. No desenrolar desse movimento, a região portuária, para além das ocupações tradicionais que por ali viviam, começou a ser explorada em seus canteiros de obras por outros grupos musicais sem que órgãos públicos ou privados planejassem nada disso diretamente.

A jovem Maíra de Oliveira,[28] carioca da Zona Norte, estava vivendo fora do Brasil no início da década. Ela recorda que quando voltou ao Rio de Janeiro, por volta de 2016, foi notória a diferença que percebeu na cidade em relação a variedade de opção festivas, independentes e de rua que aconteciam ao redor de vários bairros. Nesse processo, dada a variada oferta de atividades em espaços públicos, decidiu que não pagaria para entrar mais em festa nenhuma. Ela começou a frequentar vários blocos, fazer oficinas e hoje toca xequerê num deles. Sem autorização oficial, o Ibrejinha, grupo pelo qual faz parte, circulou em 2020 arrastando centenas pelo Centro do Rio terminando na própria Zona Portuária sem que nenhuma regulamentação formal tivesse dado conta previamente. Assim como ele, vários outros grupos fizeram trajetos parecidos.

Oriundo do campo do urbanismo, no trabalho de Claudia Seldin (2017), destaca-se uma afirmação crítica à própria ideia de um tipo de planejamento urbano como compreensão totalitária das ambiências e práticas culturais das cidades. Ela, assim, indica que a vida e criatividade de espaços estejam, na verdade, atreladas a "ações espontâneas e não planejadas e que enxerguem a cultura como mais do que um instrumento de estratégia na criação de imagens de cidade" (2017, p.202).

Por essa afirmação, proponho a refletirmos sobre como nesses blocos ou cortejos há também novas atmosferas da cidade disputando entre os espaços dessas imagens planejadas, frias, preconcebidas ou conformadas. Tanto na região da Praça Mauá, como no Boulevard ou mergu-

---

27 Entrevista de Júlio Barroso para esta pesquisa realizada em agosto de 2020.

28 Entrevista de Maíra de Oliveira realizada em agosto de 2020.

lhão da Praça Marechal Âncora – área reformada ao lado da Praça XV como parte de um mesmo processo – muitas festas passaram a encontrar seu espaço mais propício de atuação, mudando a cara daqueles ambientes por algumas horas.

Fábio La Rocca (2018, p.436) nos apresenta que existe uma relação "muito estreita entre a potência do imaginário numa cidade e sua produção musical". Assim, o autor discorre sobre a cidade portuária italiana de Nápoles, comparando a vibração de sua música, de seus gestos e de seus gritos a partir dos mercados de rua, dos vendedores ambulantes, das janelas das casas. Nesse sentido, aproxima-se de outras cidades portuárias do planeta, comentando que nesses espaços e em suas ruas existe uma narrativa de vida que transformaria as urbanidades cotidianas.

Sem mencionar diretamente o porto, mas narrando características típicas daquela região e citando propriamente outras cidades portuárias como comparativo, La Rocca nos aproxima do que chama de "atmosfera sonora e social que regula o vivido". Essa mesma atmosfera ecoa em vozes, sons, ritmos das cidades, com essas sensações atravessando o espaço físico. A partir desse entendimento, podemos perceber como aquelas ruas e vielas podem ecoar entre gritos, cantos e vibrações que podem partir até de ordem espiritual sobre a área das docas. É possível transformar um porto todo, mas é muito mais difícil remover sua essência.

> É isso que faz vibrar a cidade de Nápoles, amplificando sua energia social, que em nosso entender parece próxima de metrópoles como Nova Iorque, Londres, Rio de Janeiro, onde encontramos efeitos típicos, de um ponto de vista musical e sua relação com a rua, como a espontaneidade musical que inunda os territórios urbanos do Brooklyn, Harlem, Scampia, Spaccanapoli, Hackey Wick, Brixton, Lapa ou Pedra do Sal. (LA ROCCA, 2018, p.443).

Se na cidade italiana La Rocca aproxima da perspectiva do canto e de uma linguagem musical, ao pensar no Rio de Janeiro, podemos aplicar essa perspectiva através da informalidade, do movimento e de um *ethos* ambulante e boêmio que desvie e procure a rua. Muito se fala, com razão, em resistência na região do porto. Processos diaspóricos que se transformam diante de pressões, racismos, machismo, homofobia, sectarismo e exclusão estão marcados na trajetória da cidade e permanecem nos dias de hoje. Resistência, inclusive, que vimos representada em algumas das manifestações tradicionais descritas ao longo deste capítulo. No trabalho das festas Piratas diante do Boulevard e novas áreas reformadas do Rio, entretanto, considero interessante pensar também na possibilidade de as mesmas adotarem uma *perspectiva de ataque*, sobre a qual veremos mais adiante. Penetrar um espaço e remastigá-lo.

Reitero, assim, a capacidade dessas festas incorporarem uma nova atmosfera boêmia a regiões que muitas vezes tanto Prefeitura como a iniciativa privada esqueceram do potencial noturno e festivo regular. Como comentado acima, ainda que tenha existido um pequeno estímulo para realização de shows oficiais ocasionalmente nessas regiões das obras ou abertura de alguns bares, acabaram sendo os coletivos musicais e carnavalescos alguns dos protagonistas que se ocuparam de tomar a região na rua em algumas noites de festa ou tardes de Carnaval e veraneio.

Ao falar da boemia, Michel Maffesoli destaca a importância de uma dimensão "vagabunda da vida, que é simultaneamente fecundante, poderosa, fervilhante e ao mesmo tempo não se acomoda às formas de dominações institucionais" (2001, p.63). Duvignaud (1983) nos aproxima da perspectiva revolucionária presente nas festas e situações, sob a qual podemos nos debruçar nesses instantes vividos. Tudo funcionaria numa lógica de movimento: ambiências festivas soltas no ar encontram novos grupos para, como trabalha Duvignaud, "destruir-se e renascer das cinzas", sequencialmente.

Assim, o Boulevard inconformado e pirata, à deriva, flutua inesperadamente pelo porto, surpreendendo indivíduos que por ele esbarrem, ultrapassando horário ou calendário. Alguns cortejos fora de época de Carnaval, propositalmente, algumas vezes começavam suas festas errantes num centro mais cinza e chegando ao amanhecer, aproximavam-se do Boulevard para ver o sol nascer no mar, como boêmios piratas que aportam nas terras onde invadem e brindam por elas ao raiar do dia. O Cortejo dos Signos, por exemplo, fez isso várias vezes entre 2018 e 2019.

Como comentei antes, em 2018, Boulevard Olímpico e áreas vizinhas já eram uma realidade reinventada pela festa. Os Jogos Olímpicos já tinham passado, as obras também, mas a festa reinventava aquilo tudo. Certo dia, em meados de agosto daquele ano, estava em casa no meio da madrugada, não conseguia dormir e desisti. Olhei o Facebook e decidi procurar pistas desse mesmo cortejo que lembrei estar acontecendo no Centro durante aquela noite.

Queria rua e resolvi ir ao Centro no susto. Eu tinha certeza que a festa continuaria por lá mesmo que o dia amanhecesse. Não achei muitas dicas sobre localização em página nenhuma, mas saí de casa mesmo assim. Inconscientemente, eu já sabia onde deveria ir.

Dirigindo a partir da Tijuca, entrei pela Praça XV ao amanhecer perguntando para populares e procurando sons ou multidões. Instinto selvagem, racionalidade objetiva. "Se o bloco passou pelo Fórum às 4h30, já sei onde vai terminar." Correto. Já perto das 6h, começava a escutar a vibração e barulho. Em seguida, encontrava com as 150 pessoas que ainda encerravam um cortejo de inverno exatamente ali: na Praça Marechal Âncora. Onde tudo desaguava e tendia ao infinito. Ao lado dos barcos, onde o sol nasce a cada inverno e a festa permaneceria ali espontaneamente armada fazendo a noite em pleno dia.

Há, portanto, entre a ocupação festiva que se apodera do Boulevard e sua vizinhança, uma *estética boêmia* que se aproxima ao movimento do devir dos Piratas: forasteiros, nômades e também diaspóricos, que não são necessariamente dali, mas uma vez que ali se situam, desconstroem e produzem novas práticas de vida. Gilbert Durand (2002) trabalha a partir de conceitos de *diurno e noturno* para categorizar ideias e imagens. Nesse sentido, os regimes diurnos trabalhariam sob uma perspectiva de razão, clareza e objetividade. Já os regimes noturnos, a transformação e o devir estariam evocados.

Com máximo respeito aos mitos evocados pelo pesquisador francês, aproximo-me deles e de Luiz Antônio Simas – nos termos em que o mesmo utilizou em conversa pública no Bar Madrid –, fazendo referência ao que chamou "macumba carioca" e toda a mitologia do Zé Pelintra e tantos "malandros encantados que quase ninguém vê" (SIMAS, 2019, p.17). Assim, destaco as referências feitas pelo próprio Simas à cultura festiva, noturna e rueira carioca, muito explicada também nos versos de um samba do Salgueiro – vizinho à minha casa – que cantava: "Me dê licença, eu vou pra rua, que a lua me chamou, refletida em meu chapéu, o rei da noite sou eu".[29]

Num movimento Pirata, agressivo, sem compromisso com calendário ou periodicidade para acontecer, os "saques" e deambulações das festas acontecem: atraídos pelo sol nascendo ou se pondo numa Baía ancestral sob a qual aportam e navegam, numa cidade onde muitos Piratas, Boêmios, Zé Pelintras, Malandros, malandras e rueiros há séculos insistem em viver a festa e o poder da rua.

---

29 Samba enredo do Salgueiro (2016), citado por Simas (2019, p.17).

CAPÍTULO 4: DA CIDADE INDUSTRIAL À *CIDADE* CRIATIVA E PIRATA

INVASÃO DO AEROPORTO E O RIO QUE NEM SEMPRE O TURISMO VÊ

Em várias oportunidades durante a década, multidões eufóricas em dias de Carnaval invadiram a área comum do Aeroporto Santos Dumont durante cortejos carnavalescos, especialmente em alguns domingos errantes do Boitolo. Vizinho às obras da Praça XV e Boulevard Olímpico, o aeroporto também foi reformado e deu lugar a um novo shopping em anexo a ele nesse mesmo período. Desde antes dos Jogos Olímpicos e em quase todos os anos subsequentes, durante o período do Carnaval, aconteciam invasões musicais com cânticos de palavras de ordem e ativismo misturadas a sopros e batuques por lá. Em uma das oportunidades, até bomba da PM foi jogada para dispersão.

Essa imagem da música errante tomando de assalto um ponto de chegadas de turistas na cidade é simbólica por diferentes motivos. Desde os Jogos Pan-americanos de 2007, foi veiculada pela comunicação oficial das diferentes gestões da Prefeitura uma imagem de Rio de Janeiro essencialmente turística, que parecia ser justamente voltada a quem viesse de fora. Os visitantes, portanto, teriam na comunicação oficial uma ideia de metrópole à espera dos mesmos, que na verdade não era assumida necessariamente dessa forma por nenhum dos blocos e coletivos.

Não que pessoas de fora da cidade não fossem bem-vindas nesses blocos espontâneos ou festas de rua, mas o propósito dessas manifestações era muito menos articulado com projetos de marca da cidade e elas não tinham grandes patrocínios, nem como objetivo principal atrair tantos visitantes de fora. Os camarotes montados na Sapucaí, grandes festivais de música ou os megablocos de cantores famosos da orla da praia tinham maior afinidade com isso na relação entre imagens, marketing e apelo turístico passíveis de serem explorados mais abertamente pela gestão pública e iniciativa privada. Com a Copa do Mundo, volta do Rock in Rio, Olimpíadas, Copa América e tantos eventos que ocorreram entre 2010 e 2020, o Rio de Janeiro tentava entrar num radar específico que tinha eventos, viajantes, patrimônios imateriais e a comunicação social como alguns de seus pilares para atrair investimentos estrangeiros.

Esse processo, na verdade, foi comum em muitas capitais do planeta. Ainda nas últimas décadas do século XX, na desindustrialização de muitas cidades do mundo, a cultura tornou-se um trunfo econômico muito explorado por gestões públicas junto de sua comunicação e potencial simbólico. Como comentado, o Rio mergulhou nisso e usou os megaeventos para tal.

Associados a esse processo, vários eventos oficiais explodiam na cidade pensados para serem plataformas de comunicação e atrair turistas. Em sua meteórica ascensão, assim que assumiu o Governo do Estado no final da década, Wilson Witzel, por exemplo, tentou sem sucesso trazer o GP de Fórmula 1 para o Rio. Festivais de música, circuitos de esportes de praia ou corridas de rua também faziam parte disso e buscavam ativar a potência visual da cidade junto de sua fama de receptiva.

No trabalho de Tatiana Couto (2019), percebemos a dimensão da Maratona do Rio como ferramenta de consumo e comunicação que lida com a paisagem visual da cidade. Nesse sentido, atletas desfrutam o Rio de Janeiro diante de um imaginário paradisíaco. Eventos na praia, shows internacionais no Maracanã ou até mesmo convenções de empresas compunham essa série de ações que apareciam de várias formas que deveriam atrair quem vinha de fora.

Esse fenômeno entre as articulações da imagem da metrópole e o visitante ou investidor estrangeiro foi tendência mundial nos últimos 30 anos em várias capitais do planeta, sempre com algumas especificidades. Fernanda Sanchez, ainda no início do século, já chamava atenção para o que sinalizava como "reinvenção das cidades", entre as múltiplas plataformas de negócio geradas por ela em torno de sua imagem, quando "constrói suas segmentações e grupos-alvo no mercado, como o turismo urbano (com o consumo dos espaços modernizados), o turismo de negócios, o turismo cultural, o turismo de compras, de jovens e terceira idade (SÁNCHEZ, 2001, p.34). Os conceitos de marca de cidade se fortaleciam aí.

Nesse sentido, pensar nessa cidade enquanto mercadoria turística seria invariavelmente obrigatório refletir também sobre o quanto esse corpo de cidade apresenta-se como oferta e imaginário dela própria. Siqueira e Siqueira (2009), por exemplo, analisaram os esforços midiáticos desde o Pan de 2007 na imprensa para tentar representar um Rio de Janeiro de alto astral, apaixonado por suas próprias maravilhas, com indivíduos de diferentes classes sociais altamente emocionados em circular por pontos turísticos de seu próprio território e alinhados à expectativa dos estrangeiros sobre a cidade onde vivem.

Como comentei, engana-se, entretanto, quem pensa que esse movimento festivo de rua, ao ocupar a região à beira-mar do Centro, confirmaria tais expectativas de reafirmar uma eventual ideia de cidade conformada e quase "colonizada" diante de seus visitantes estrangeiros. Com uma *estética do ataque*, a música de rua encantava turistas e movimentava a economia da cidade, mas de outro modo. A total perspectiva da *invasão*, da desordem e da rebeldia informal do cortejo capaz de ocupar invadir inclusive um aeroporto, subvertia uma imagem tropical meio careta e de certa forma até machista que veiculavam do Rio.

Como vimos, este processo da *cidade como marca* veio acompanhado de uma necessidade de embelezamento da mesma, muitas vezes ao lado de ações arquitetônicas e de "ordenamento público". Ainda que blocos, vendedores ambulantes e coletivos culturais atuassem espontaneamente pelas ruas, a cidade do Rio buscava um certo ordenamento e uma mudança de paisagens para se enquadrar em alguns padrões estéticos. Também por isso a Perimetral estava sendo derrubada e múltiplas áreas vinham sendo reformadas.

Em 2016, a UNESCO deu ao Rio o inédito título Patrimônio da Humanidade exatamente por sua paisagem cultural. Justamente nessa década, interessadas no turismo, muitas modificações arquitetônicas eram propostas pela cidade. Pouco reparada integralmente, a estética carioca carrega marcas bastante diferentes dessa ideia litorânea, tropical, exótica e de mata virgem. A chamada Cidade Maravilhosa, na prática, é também muito cinzenta, industrial, urbana.

Num passado até recente, a imagem que a mesma capital fluminense impunha era outra e seguia por este caminho. Voguel, Melo e Molica (2016), em obra escrita há 30 anos e republicada recentemente, apresentaram as mudanças urbanísticas de um Rio de Janeiro dos anos 60, com a conclusão de túneis e viadutos na cidade que ajudaram a deixar o Rio bem cinza junto das fábricas que existiam na metrópole.

Se pensarmos nos tradicionais desfiles da Sapucaí, um dos grandes dilemas das Escolas é exatamente a relação entre os carros alegóricos na Presidente Vargas e um dos viadutos que liga o Centro à Zona Sul.

O mesmo cruza aquela via, que é repleta de uma região de aspecto mais cinzento entre concretos, proximidades com trilhos, passarelas e o próprio viaduto.

É curioso perceber que apesar da fama de balneário tropical verde e arejado, as terras cariocas ainda carregam resquícios cinzentos de uma cidade portuária, industrial e desenvolvimentista na face que assumiu em boa parte do século XX e que aos poucos foi sendo abandonada. Nessa mesma época do século XX, entre muitas reformas e criação de rodovias, o polêmico Viaduto da Perimetral foi erguido pela cidade, que naquele momento ainda contava com muitas fábricas que depois começaram a fechar. O Rio de Janeiro já foi bastante industrial, assim como muitas capitais mundo afora.

No fim desse período desenvolvimentista e fabril em vários cantos do planeta, a cultura, comunicação e o turismo assumiram papéis de ocupar vazios. Sarlo (2009) mostra como em outra capital portuária do continente, Buenos Aires, exatamente cultura e turismo se articularam com esse processo semelhante de desindustrialização. Na Argentina, na dita "Revitalização" do Porto Madero, o uso de muitos galpões e espaços típicos da cidade industrial passou a ser feito para outros fins, estimulando o turismo e a cultura com a ajuda de coletivos de cultura ativista. O Rio se inspirou nesse processo de maneira tardia e passou a utilizar suas belezas naturais como potência econômica e também a reutilizar espaços antigos, fazendo isso a partir de grandes projetos imobiliários que provocavam aumento de preços em áreas como no porto. Naturalmente, mudanças estéticas passavam a se inserir nisso tudo. Como vimos, a derrubada da Perimetral, afinal, também tinha a ver com todo esse contexto.

Durante a era dos megaeventos, enquanto eram naturalmente exploradas em peças publicitárias imagens tropicais, alegres ou clichês de um Rio ensolarado, as áreas industriais como o porto, que virou Porto Maravilha, entravam nessa disputa simbólica que tanto comentei. Desde o final do século XX, o Rio fabril demorou a ser percebido como potência cultural. Nesse momento Olímpico, de uma vez só, a cidade passou a tentar revitalizar algumas áreas de seu porto, apostar em sua criatividade e atmosfera de seu povo e fazer propaganda com suas belas paisagens. Ao contrário de cidades europeias e da Argentina, que de algum modo cuidaram de suas áreas industriais como pontos de cultura desde muito cedo quando se desindustrializaram, no Rio isso tudo foi acontecer muito recentemente e foi simultâneo a uma nova explosão das discussões no planeta sobre economia e cidades criativas.

No Centro do Rio, alguns poucos galpões industriais ou antigas fábricas até já vinham sendo usados desde décadas passadas como espaços de cultura, como o Armazém da Utopia, Fundição Progresso ou Galpão Gamboa. A partir dos megaeventos, entretanto, a ideia de reinvenção estética desses espaços através da cultura acabava sendo uma política de gestão. Em 2020, por exemplo, já durante a pandemia de COVID-19, a Cia Docas, administradora do porto, convocou artistas visuais para grafitarem diferentes galpões da Avenida Rodrigues Alves. Essa, entre outras atividades que procuram inserir a cultura em áreas "degradadas", passou a ser cada vez mais marcante na cidade desde o Pan-2007.

Elsa Vivant (2011) apresenta exatamente esse conceito de uma Cidade Criativa, que nos ajuda a compreender algumas das relações acima estabelecidas. Em muitos lugares do mundo, anos depois da desindustrialização, passou a se desenvolver em vários países uma economia centrada na potência inventiva da cidade que une turismo, comunicação, design, tecnologia, moda, estilo de vida e múltiplas formas de desenvolvimento que agregariam valor à metrópole. Primeiro vieram as Capitais Culturais, depois um processo de Cidades Criativas.

A mesma pesquisadora, assim como Claudia Seldin (2018), cita o urbanista Richard Florida como um dos pensadores que consagrou esse conceito, que também cria índices e apropriações de desenvolvimento das cidades a partir de seus níveis criativos. Seldin, nesse sentido, relembra como o processo do Porto Maravilha e das reformas do Centro do Rio na época, se propôs a aproximar esse interesse de uma "criatividade" à tal região enquanto reformava várias áreas. A pesquisadora diferencia também a ideia de Cidade Criativa, mais desenvolvida na primeira e segunda década do século XXI, da embrionária ideia das Capitais de Cultura que no século XX em várias cidades substituiu tais galpões, fábricas e antigos portos por museus e centros culturais.

No trabalho, a pesquisadora comenta como a capital fluminense – em meio a suas políticas reguladoras – tentou com os Jogos Olímpicos aproximar conceitos distintos de desenvolvimento econômico a partir da cultura, estilo de vida e estética junto das reformas urbanas em áreas industriais. O Rio determinou que precisava ser criativo, mesmo que já fosse assim desde sempre por sua potência e atmosfera espontânea.

Nesse sentido, a pesquisadora comenta sobre alguns gestores dos primeiros mandatos de Eduardo Paes (2009-2016), como um quadro administrativo "adepto dos conceitos de cidade e economia criativa na linha de Richard Florida" (SELDIN, 2017, p.93). Assim, a tal Cidade

Criativa que valoriza as brechas, a boemia, a criatividade, o "artista off" na Cidade Olímpica, era a mesma gestão que também limpava suas paisagens, criava algumas estéticas frias em espaços próximos e hibridizava algumas relações.

Mesmo nos anos de Marcelo Crivella, embora as políticas culturais fossem muito menores, essa terminologia da criatividade também foi utilizada. Me recordo, por exemplo, já em 2019, quando o coletivo pelo qual faço parte, FAZ NA PRAÇA, recebeu uma certificação de alvará num calendário oficial de rodas de samba que autorizava a realização das festas que vinham sendo proibidas. Na ocasião, montaram uma cerimónia de grupos musicais contemplados pelo documento e a todo momento na diplomação dos coletivos esses termos eram citados.

Ironicamente, um patrimônio ancestral da cidade, o samba, recebia ali uma justificativa meio óbvia de ser um bem que ajudava manter o Rio como um local criativo. Repentinamente, para administradores e políticos de diferentes partidos e períodos de gestão na metrópole, a criatividade se tornava uma palavra da moda. A mesma também ia se relacionar com a ideia de tecnologia, culturas digitais, inovação, artes urbanas etc.

Nesse processo da Cidade Criativa, não apenas os espaços físicos mudam seu uso, mas é explorada a atmosfera urbana, o perfil da população e os estilos de vida. Todos passam a ser vistos como bens simbólicos no ambiente urbano. Nessa estratégia de gestão, uma cidade para ser criativa não vai ter apenas ter belas paisagens, mas ser teoricamente "descolada", contar com uma atmosfera específica.

Muitas formas de expressão eram pensadas como potência econômica de uma cidade, que, na prática, condenava várias manifestações nas ruas entre policias e fiscais. Em toda essa confusão simbólica, observávamos cenas ambíguas. Nas praias ou em blocos de rua, ambulantes eram ocasionalmente reprimidos pelo Choque de Ordem. Ao mesmo tempo, os próprios vendedores de Mate e biscoito Globo, igualmente ambulantes, também eram perseguidos, mas ao mesmo tempo chegaram a ser condecorados durante a semana em cerimônia oficial como Patrimônio Imaterial da Cidade. Músicos do metrô apanhavam de seguranças, ao mesmo tempo que eram chamados para vídeos publicitários ou campanhas midiáticas que vinculavam uma atmosfera alegre da cidade.

O Rio de Janeiro, de alguma maneira, num momento em que o Brasil ainda vivia melhor momento econômico e também tinha número alto de políticas culturais em escala federal, se propôs a se relacionar com tudo isso oficialmente de um jeito repleto de contradições. O Carnaval de rua, tradicionalmente espontâneo e muito pouco aproximado de oficializações e regras, ficou no meio dessa grande confusão. Às vezes era reprimido, às vezes observado pelos mesmos órgãos públicos com atenção e importância.

Produzir imagens ativistas na cultura da cidade, construir estéticas, inventar modos de vida entre festas e blocos nas ruas não seriam apenas módulos de "combater" uma cidade que não nos representava muito; era também estar no alvo de apropriação da mesma como produto visual dela própria. Reinventando a cidade, querendo ou não, tornamo-nos produtos visuais dela.

O caso do Boulevard Olímpico é um excelente exemplo disso. Enquanto blocos ocupavam informalmente a região, na maioria das vezes sem tirar alvará da Prefeitura e em algumas oportunidades chegaram a ser reprimidos, turistas encantados que aportavam na área tiravam fotos e se encantavam com a potência dos mesmos em dias de Carnaval. Nesse sentido, mesmo sem nem pretender fazer isso e ainda que muitas vezes não autorizados, muitos blocos acabam confirmando a ideia de cartão de visitas que a cidade procurava apresentar ao mundo bem ao lado de seu porto.

Purpurinas, luzes de led, pouca roupa, fantasias, muitos beijos, gritos e catarse. Jovens que correm e festejam enlouquecidamente. Entre suas bandeiras: a liberdade corporal livre de estereótipos, a ocupação dos espaços públicos da cidade e as experiências estéticas e afetivas da rua, especialmente destoantes de um certo imaginário de cidade vigente nessa década. Curioso pensar que muitas dessas cenas podem dividir espaço com a chegada de cruzeiros turísticos de senhoras católicas da terceira idade passando férias no Rio, comprando *souvenires* do Cristo Redentor e se deparando com elas em alguns Carnavais.

Como vimos, muitas vezes os participantes das festas invadem o Boulevard, quebrando a dinâmica do mesmo. Assim, assumem esteticamente uma essência desviante que ali corresponde, possivelmente, à própria naturalidade performática da vida de cada participante no cenário urbano. Moças que rechaçam a padronização – dos pelos pelo corpo ao cabelo raspado – alternavam muitas vezes espaço com homens e mulheres trans ou corpos dotados de uma estética muito distante da ideia antigamente veiculada do carioca musculoso e bronzeado de sol que vigorou por muito tempo como imagem de cidade pré-olímpica.

"Saqueando" e tomando de assalto os espaços hegemônicos pelos quais se inserem da metrópole que já é deles, mergulham com seus corpos em catarse, interessados na ruptura da estética corporal padronizada da Cidade que foi Olímpica. Daí reforço a ideia de um ataque estético, mas lembrando sempre que essa essência descolada e livre acaba também, de algum modo, se tornando um produto simbólico associado ao Rio aos olhos de quem vê de fora ou quem comercializa uma ideia disso.

CONSIDERAÇÕES ENTRE OS COLETIVOS DE RUA, MODISMOS, CONSUMO E IMAGEM

Thiago Soares chama de "cidades pop" alguns lugares do mundo que parecem nos convocar para "um lugar que gostaríamos de estar em tensão com o local que, verdadeiramente, estamos" (SOARES, 2015, p. 28). No mesmo trabalho, o autor apresenta como que os lugares excessivamente fotografados ou filmados vão criando territorialidades específicas no campo do imaginário. O Rio de Janeiro existe nas ruas, mas é também a partir da overdose de imagens refletidas sobre ele que novos imaginários da cidade vão sendo criados.

Essa multiplicidade de imagens a respeito do Rio foi sendo desenvolvida ao longo dos últimos 100 anos de várias formas e focada em vários corpos e modos de vida. Filmes, postais, clipes. As mídias variam, mas a ideia inventada da "Cidade Maravilhosa" sempre atraiu olhares que variavam de postura conforme o tempo.

Ao mesmo tempo em que essa metrópole serviu para reprodução de estereótipos de um lugar tropical, machista e alegre, também sobre o Rio muitas vezes buscou-se historicamente um olhar interessado num aspecto da capital descolada e "caçadora de tendências." É também dialogando com essa ideia das tendências, que os trabalhos de Vivant (2011) ou Selden (2016) mostram como, dentro dos conceitos da Cidade Criativa, a ideia de um espaço descolado, hype, boêmio e "cult" se destaca. Em vários lugares do planeta, cidades com essas características já foram bastante usadas como modelo de comunicação e viram bens de consumo de muitos interesses. O Rio, portanto, acabou por se entrelaçar com isso.

Na década de 2010, conforme o Carnaval ou o movimento de ocupação nas ruas ia crescendo, naturalmente muitos olhares começavam a se debruçar sobre nós. Como comentei, tudo isso acontecia de um jeito estranho. Num dia, a Polícia persegue seu cortejo. No outro, uma marca ou órgão público reconhece seu valor e te dá um "mimo" ou faz um convite de apresentação. Todas essas situações, que veremos a seguir, mostram as múltiplas problemáticas da relação entre festa, política, Carnaval, imagem e consumo no Rio desse tempo.

Alguns exemplos ilustram isso. Uma dessas situações embaraçosas aconteceu comigo em momento pré-olímpico, quando em 2015 recebi um e-mail de um funcionário do Palácio da Cidade, sede da Prefeitura, convidando grupos e coletivos para fazerem uma "ocupação cultural e festiva na frente do Palácio". Me custava muito entender como uma instituição que em algumas situações nas ruas lançava mão de força reguladora com aparatos de violência para embargar alguns eventos, repentinamente tivesse interesse em nossa presença dentro da própria Prefeitura para produzir o que quer que fosse.

No mesmo período, o coletivo que eu faço parte, FAZ NA PRAÇA, havia sido aprovado num edital de cinema e música na rua, o Cine Giro, junto do coletivo Rebuliço. Na ocasião, apenas alguns membros do grupo tiveram interesse na inscrição e consequente participação em tal fomento. O projeto, apoiado pela Prefeitura, inclusive, foi recentemente compreendido em estudos elaborados por Tatiane Mendes (2019) no Laboratório de Comunicação, Arte e Cidade da UERJ. Apesar, então, de alguns membros do grupo terem topado fazer parte do Cine Giro, novamente me recusei a participar, acreditando que não valesse a pena atrelar o nome do coletivo que eu tinha ajudado a construir com tanto afeto, em tal projeto da Cidade Olímpica que eu considerava de propósitos distintos aos nossos.

Finalmente, quando faltavam poucos dias para realização dos Jogos Olímpicos, vivendo como freelancer e tendo saído recentemente de um trabalho fixo, fui convidado a trabalhar como produtor de uns shows de intervalo numa arena dos Jogos Olímpicos. Relutei em primeiro momento, mas em seguida aceitei. Na época, achei muito contraditório que eu tivesse passado tanto tempo questionando tal projeto e por alguns dias estivesse trabalhando para o Comitê Olímpico, mas como todo brasileiro num país em crise, eu também precisava pagar contas.

Nos meses seguintes, exatamente por conta de tal trabalho e pelo caixa levantado com ele, consegui ter tempo e dinheiro para participar e ajudar em eventos de rua no Beco das Artes (Bar do Nanam), em praças próximas à Carioca, em blocos de Carnaval e também pude apoiar ocupações culturais no Leão Etíope do Meier, no Viaduto de Laranjeiras etc. Nesse sentido, o megaevento pagando bom cachê me possibilitou produzir microeventos em espaços públicos.

Naquele mesmo ano, Tarcísio Cisão, figura polêmica do Carnaval de rua da cidade, foi convidado para participar do desfile da Tocha Olímpica que passava pelo Grande Rio até chegar na capital. Na ocasião, em imagem que viralizou na Internet, o músico do Amigos da Onça produziu um protesto bem-humorado tirando as calças e exibindo a imagem com as letras "Fora, Temer", bordão muito comum nas ruas na época.

Todas essas situações descritas revelam como a cidade, muitas vezes, interessa-se em produzir narrativas e imagens através dos atores e corpos que nela habitam. Mesmo que tais corpos, em seus trabalhos específicos, produzam práticas de vida militantes ou desviantes, não significa estarem imunes numa redoma a processos de consumo, que como veremos neste capítulo, acabam gerando cidadania e visibilidades. E justamente usando dessa disputa de visibilidade, podem produzir imagens desviantes para serem mais percebidas e repercutidas.

Rose de Melo Rocha (2012) em estudo acerca da política da imagem e consumo nas cidades contemporâneas, questiona se "consumimos imagens ou somos por ela consumidos?" (ROCHA, 2012, p.132). É sobre lidar com essas imagens consumidas, ainda que tal consumo debruce sobre nossos próprios corpos, que me interesso por aqui. O músico do bloco que saía sem autorização é convidado para levar a Tocha Olímpica. O Coletivo que protesta contra a Olimpíada é aprovado em edital da Cidade Olímpica. O produtor que organiza eventos em teor contrário aos Jogos é chamado para trabalhar nos Jogos. Contradições, imagens, fetichismos visuais.

Rocha (2012, p.131) relembra Canevacci (2008) ao falar das possibilidades de penetrar estruturar capitalistas também para dissolvê-las ou reconstruí-las de outras perspectivas. Dissolver os fetiches em jogos e ataques visuais, como algumas vezes vimos neste livro anteriormente. Trabalhar no megaevento para poder também trabalhar em eventos dissidentes depois dele. Estar visível na cidade para carregar a tocha e, ao carregar a tocha, protestar contra os Jogos Olímpicos. Táticas e modos de vida, possíveis apenas a partir de tal visibilidade disputada entre as ações de tais corpos na cidade em questão.

Elsa Vivant desenvolve essa discussão e apresenta termos como "lugares off e artistas off" (2011, p.36) em várias cidades do mundo que passam repentinamente de espaços pouco vistos a extremamente explorados. Assim, novamente relembra como espaços e polos de criatividade e boemia viram alvo de olhares e interesse. No livro, a pesquisadora relembra uma situação na França num tempo passado entre algumas ruas onde se apresentava, por exemplo, o cantor Manu Chao com sua banda e onde rapidamente uma certa gentrificação e novos olhares passaram a se estabelecer sobre aquele mesmo bairro. As cidades contemporâneas, entre jogos de imagens e olhares de marcas ou instituições comerciais, repentinamente podem se interessar por aquilo que desprezavam conforme aquele público vai aumentando.

No início do livro, comentei exatamente do trabalho de Michel Maffesoli a respeito da valorização dos poetas, vagabundos e errantes. Curiosamente, justamente por meio da movimentação dessas classes vistas como criativas, muitos olhares e disputas se formaram. Lidar e jogar posteriormente com isso é uma possibilidade também de subversão.

Curiosamente, o mesmo Manu Chao, citado por Vivant, veio morar no Rio de Janeiro poucos anos depois das situações descritas na Europa, ainda nos anos 90. Como muito já ouvi na rua entre conversas com gerações cariocas mais antigas, Manu viveu um tempo no Rio entre biroscas, bares e até se apresentando em pequenas casas de show. Especialmente na própria Lapa citada no início do capítulo, quando o bairro naquele momento entre seus altos e baixos econômicos, ainda não contava com tantos restaurantes e interesse turístico.

Para que se tenha uma ideia, o bloco Céu na Terra, hoje tido como tradicional no bairro de Santa Teresa, vizinho a região, só foi ser fundado tempos depois no começo dos anos 2000. Por outro lado, nessa mesma Lapa "off" do começo dos anos 90, coletivos culturais frequentavam a rua Joaquim Silva ou pulavam muros do Circo Voador para shows de hardcore, como do próprio B Negão e Marcelo D2 no Planet Hemp.

Nesse sentido, é possível perceber o quanto gentrificações, modificações e efervescências culturais e estéticas vão se estabelecendo entre regiões da cidade de acordo com períodos ou movimentos culturais específicos. Invariavelmente, a rua se torna pop em territórios específicos ou fenômenos culturais de cada época. Boêmios, artistas, coletivos acabam entrando no radar de outros atores da cidade que depois passam se interessar pelo que vem sendo feito ali. Foi assim em toda a história recente do Rio de Janeiro.

Se a rua vira pop, que a popularidade sirva de estratégia de subversão. Canevacci apresenta o conceito de atrator, segundo o qual "sua potência aderente (momentânea) é determinada pelos novos cursos do fetichismo visual difundidos na comunicação metropolitana" (2015, p.41). Os atratores seriam tais corpos despertando interesses específicos da cidade nessas performances. Teriam, portanto, a oportunidade de a partir disso gerar novas potencialidades e, especialmente, visibilidades ao que é feito na rua.

As manifestações festivas, cada vez mais populares, como o próprio Carnaval de blocos independentes nas ruas, teriam a capacidade de revelar espaços, escancarar ou reduzir apagamentos, apresentar paisagens e novas estéticas para redirecionar os holofotes da cidade a espaços e modos de vida particulares. Numa metrópole cada vez mais vigiada, em linhas gerais, as visibilidades da rua ser mais "pop" poderia conduzir o barco Pirata num caminho inverso ao conservadorismo e ao retrocesso. Por isso, há tanta necessidade de refletir acerca do quanto essas manifestações festivas, ao passo em que se tornam populares e transformam-se em produtos de grande visibilidade, se exercitam na exposição de tensões, contradições e possibilidades de construção de outras cidades visíveis.

O RIO DE JANEIRO É AMBULANTE (E DOS AMBULANTES)

De 2010 a 2020, com tantos eventos internacionais acontecendo na cidade, uma overdose de imagens sobre o Rio de Janeiro se estabeleceu diante de tais veiculações. No campo do esporte, entretenimento e política, o Rio foi mais uma vez um local de muitas imagens e disputas. No que diz respeito à perspectiva dos planos governamentais feitos para a metrópole e a propaganda veiculada sobre ela, entretanto, é preciso reconhecer uma particularidade. Uma metrópole *vivida e vista* de perto, sempre se diferencia dos projetos feitos para ela ou das representações midiáticas que sejam veiculadas sobre a mesma. A cidade acontece e é vista, de fato, quando por ela circulamos e quando nós produzimos nossas próprias imagens dela. No Rio, a metrópole que se projetava para estar reformada e ordenada era a mesma que reagia com suas invasões festivas e aglomerações.

Investigando essa metrópole transformada recentemente, desde o princípio do trabalho considerei interessante uma reflexão acerca do quanto as ruas concentram atmosferas e modos de vida que vão se estabelecendo em suas brechas. O Rio de Janeiro, em essência, precisa ser vivido enquanto caminhamos por ele, mais do que visto ou retratado nas peças de comunicação que o divulgam.

Nesse sentido, é importante relembrar como muitas manifestações festivas da cidade estimulam exatamente o movimento. Deslocar-se pela cidade. Ser móvel, ambulante, itinerante. Raramente estar parado. Talvez a verdadeira essência de um Rio de Janeiro errático e verdadeiramente criativo. Informal. Caótico. Vivo.

Há no Rio de Janeiro, como em raras cidades do mundo, uma característica específica que interfere diretamente no modo da cidade lidar com suas ruas. Nessa perspectiva errática, itinerante e sempre movimentada, muitos personagens assumem protagonismos. Um deles é o vendedor ambulante que aparece como figura fundamental e acaba compondo a performance errante, informal e itinerante de vários eventos.

Em análise feita com ar poético, Fábio La Rocca contextualiza acerca do já citado porto de Nápoles e do quanto uma climatologia e ambiência nas ruas daquela cidade têm direta relação com uma forma cantante de levar a vida. No trabalho, inclusive, ele cita os vendedores ambulantes napolitanos, que "cantam e ritmam o cotidiano da rua com e através da voz que especializa a existência" (LA ROCCA, 2018, p.437).

Quando tratam desse Carnaval de rua, percebo como é ainda pouco notada por jornalistas ou acadêmicos uma percepção acerca do papel do ambulante enquanto catalizador de atmosferas. Grupos culturais circularem pelas ruas de maneira plena dependem integralmente da atuação dos mesmos, que inclusive terão alguns métodos e formas de ação repetidas por músicos. Para pensar entre as discussões de uma cidade ser ou não criativa, é preciso refletir justamente pelo protagonismo dos ambulantes nas ruas em seu potencial inventivo e sua agilidade.

Nesse processo dos megaeventos houve uma atitude que chegou a ser ingênua, maldosa e desrespeitosa e que inclusive se repetiu e se intensificou no Rio de Janeiro do Brasil bolsonarista, que é a tentativa de enquadrar e padronizar enquanto comportada uma cidade de essência Pirata e informal. Por isso, é interessante pensar no quanto a presença dos ambulantes se insere enquanto base performativa de um Carnaval criativo, clandestino, subversivo em sua essência. Afinal, todo esse entendimento de Pirata entre táticas de como se desvencilhar das proibições, formas de se locomover, criatividade, desenrole, cantoria e falatório nas ruas, interesse pelas tecnologias e inventividade como ferramenta de trabalho e de vida: são todas características dos próprios ambulantes em toda sua trajetória pessoal.

Thiago Soares vai tratar das configurações de uma cultura pop entre "esta noção de pertencimento global e cosmopolita com as marcas específicas locais" (2015, p.29). Em um mundo de tantas vitrines caras, muitos ambulantes exibem visualmente e comercializam de forma acessível a céu aberto elementos que se tornam emblemáticos. Máscaras, bonecos, músicas, capas de celulares, camisas de futebol ou bonés. Por toda parte do mundo, muitos elementos são apresentados num jogo visual de muitos símbolos. Ao chegar em qualquer cidade do planeta, é perfeitamente possível encontrar, através de seus ambulantes, referências locais e globais intercaladas entre os produtos vendidos.

Para além disso, no Carnaval do Rio, alguns vendedores ambulantes tornaram--se uma espécie de ícones nas ruas apesar das perseguições formais da chamada Secretaria de Ordem Pública. A cidade já havia feito isso com seus vendedores das praias, mas na folia de rua as coisas começaram a se popularizar de um jeito específico que passa exatamente pela ideia da aliança. É importante lembrar como na última década intensificou-se uma "ostensiva fiscalização de ambulantes não vinculado à marca patrocinadora do Carnaval carioca" (FERNANDES; BARROSO; BELART, 2019). Para driblar a fiscalização da polícia, camelôs, instrumentistas e foliões trocam juntos contatos e mídias a respeito dos acontecimentos das festas nas ruas.

Num relatório estratégico do Rio Pré-2016, divulgado ainda em 2009 – portanto antes das reformas –, a Prefeitura, querendo estruturar a Cidade Olímpica e dos megaeventos, já demonstrava enorme preocupação com a presença dos ambulantes nas ruas. É importante perceber como todas essas modificações na cidade entre 2009 e 2019 tiveram uma relação direta também com padronizações e controle, como vimos algumas vezes. Quiosques de marcas, áreas específicas, uniformes obrigatórios. Como apresenta Barroso (2016), no Carnaval do Rio em época olímpica, era notória a presença de muitos ambulantes credenciados – por exemplo, da Cerveja Antártica como grande patrocinadora nas festas nas ruas.

Alheio a esse movimento, uma rede entre músicos e vendedores passou a se articular entre blocos secretos e ataques repentinos que driblavam proibições. Nos primeiros anos em que fui produtor em eventos gratuitos, curiosamente, eu tinha de forma precipitada uma ideia de disputa com a figura dos ambulantes, uma vez que os mesmos eram concorrentes diretos das produções que fazíamos, já que as mesmas dependiam da receita do bar. Numa cidade já carente de políticas culturais, a venda de cerveja é fundamental para sobrevivência dos produtores e, muitas vezes, tais profissionais rivalizavam as mesmas vendas que tínhamos nós. Eu estava errado. O ambulante, ao invés de rivalizar com o músico e com o produtor, é um dos maiores protagonistas da festa.

Acompanhando de fato os atores ali envolvidos nas ruas como fiz, é mais do que necessário entender, além do perverso trabalho precarizado, o quanto esses profissionais se comunicam em rede, conhecem boa parte dos músicos, se inserem nos grupos, assumem protagonismos em cortejos e fazem parte de maneira integrada dessa articulação carnavalesca. O papel deles, para além dessa função de estrutura, está também nas cores, na performance, nas caixas de som do funk ligadas pelos mesmos quando a energia do músico acaba, no domínio mecânico para reparo de seu equipamento.

Rabossi (2011) relembra como a rua é repleta de regras tácitas e invisíveis e o quanto vendedores ambulantes, inseridos nela como ofício, já dominam algumas dessas relações há tempos. Quando lidam com as regras ocultas das ruas, músicos e foliões muitas vezes também são obrigados a reconhecê-las. Judith Butler (2018, p.26) apresenta a potência de uma articulação em "aliança" para indivíduos que estejam precarizados em determinadas estruturas e organizações. Grada Kilomba, apesar de lembrar dos perigos de falar sobre a margem e precariedade como espaço criativo, ao mesmo tempo relembra que surgem nessas situações e com os indivíduos envolvidos a "possibilidade de devir como um novo sujeito" (KILOMBA, 2019, p.69.)

Se pensarmos nas recentes exclusões entre músicos, vendedores ambulantes e em todo o circuito tido como não oficial do Carnaval carioca, bem como os coletivos musicais de rua diante de uma cidade em crise ou que deu preferências a grandes eventos ou intervenções, podemos pensar na perspectiva da aliança de corpos distintos a partir de performatividades particulares que, apesar de diferentes, se integram. Levo, portanto, em consideração aqui os intercruzamentos entre a atividade musical influenciada pela informalidade, pela estética da caminhada errante ao ar livre ou pela estratégia da divulgação em segredo que dribla os embargos da Prefeitura: práticas tradicionais do comércio ambulante na cidade que foram sendo cada vez mais replicadas pelas festas.

A articulação já vem de longa data, mas percebo também o trânsito performativo e estético entre músicos de rua, foliões e vendedores ambulantes nessas festas itinerantes, apresentando potentes inovações no campo da produção musical e da festa. No final da década, foi notório também o aumento do comércio ambulante nas ruas em meio à crise econômica recente, num mesmo momento de precarização dos editais no campo da cultura e festas. A dificuldade na obtenção de alvarás para eventos e o recente fechamento de casas noturnas e de shows aparecem como fatores que interferem na recente produção musical da cidade. Isso incide numa aliança ambulante. Quando se trata de cultura de rua, ambulantes, produtores e músicos estão no mesmo barco.

A presença de ambulantes nessas ruas, desde sempre, desde os primórdios e nascimento da cidade e deste país, tem, de fato, uma relação direta com os problemas sociais brasileiros e precarizações. Mas acima de tudo, provocam um intenso e vibrante modo de ser que acabou fortalecendo a cultura de rua carioca. Desde os primeiros povos que aportavam por aqui, as ruas do Rio reverberaram ambiência Pirata, ambulante, em mercados populares que induziram a cidade a vibrar entre gritarias, inventividades e muita paixão e necessidade pela vida que insiste em acontecer em espaços públicos.

Nesse sentido, repito o quanto a tentativa de limpeza da cidade dos mesmos vai de encontro a própria história de um dos maiores portos do planeta que se formou a partir dessa potência de sociabilidades entre as trocas e do consumo nas ruas, que sempre teve uma relação associada também com as paisagens da cidade, sua atmosfera e ambiência. Assim, consumir na rua, dadas as ressalvas da precarização, é também consumir a essência da cidade do Rio de Janeiro em sua mais intensa personificação.

Claudia Seldin (2017), citada algumas vezes ao longo desta pesquisa, fala da importância dos "artistas de rua, que se multiplicam pela cidade atuando às margens da indústria criativa formal" (2017, p.182). Nesse sentido, percebo o quanto esse mesmo ativismo, essa vibração entre a música e a atmosfera da rua, é aproximado do modo de ser e do ativismo ambulante, que, acima de tudo, insiste na valorização do convívio na rua e vai ter modos de atuação muito semelhantes aos músicos e foliões atualmente.

A exemplo disso, podemos perceber, inclusive, a própria escolha das materialidades e modos de atuação de alguns grupos, como a anteriormente citada Quilombike, entre suas outras bicicletas similares, como a bananobike da banda Biltre e Minha Luz é de Led ou a que foi algumas vezes utilizada pelo bloco TRANSPIRA. Bicicletas sonoras que vão puxando cortejos ambulantes pelo Rio em festa. Ideal pela mobilidade, para escapar da polícia, para ser seguida em cortejo de rumo fácil, inclusive copiadas por grandes marcas de roupas. De quem, afinal, essa descolada bicicleta que vaga entre as remodeladas praças do Centro relembra em seu formato de atuação?

O ambulante, é produtor e produto das performances musicais das festas na rua. É justamente nesse sentido que me aproximo de uma noção de "teatralidade" proposta por Zumthor (2018, p.39), que nos estimula uma observação mais lúdica e potente ligada a perspectiva do "corpo ator" em cena. Considerar a perspectiva de performance a partir desse conceito ampliado é fundamental para compreender, portanto, que são protagonistas os músicos e foliões, mas são também igualmente atores de destaque ali os vendedores ambulantes, os populares que cruzem a festa na rua por acaso, o movimento do corpo dos músicos, os materiais, instrumentos e gambiarras inventados pelas festas etc.

Essa relação pode ser observada ao pé da letra e de forma empírica quando, num dado momento, os próprios vendedores ambulantes, há anos inseridos nas festas, chegaram a decidir realizar seus próprios cortejos ou eventos noturnos no Centro com eles próprios produzindo e divulgando. Em seguida, assumindo alguns espaços como antigas garagens e depósitos no Centro que se tornaram casas de show para blocos e rodas de samba geridos pelos mesmos, como as duas Garagens das Ambulantes que se instalaram na Carioca a partir de 2019 e inclusive ajudaram em campanhas de apoio a classe no período crítico da COVID-19.

O grupo Foliões Unidos, que também realizou sua campanha de financiamento coletivo para tentar apoio aos ambulantes nos primeiros meses de pandemia da COVID-19, é um outro exemplo dessa aliança carnavalesca e musical entre os camelôs e os blocos. Criado ainda no início da década por pessoas interessadas em seguirem as festas de rua, os grupos se espalharam pela rede social WhatsApp e contam com a presença marcante de alguns vendedores que passaram a acompanhar a localização de alguns cortejos secretos.

Com a necessidade também de escapar da própria polícia, muitos blocos passaram a não divulgar locais de saída. Por meio dos grupos em redes sociais, camelôs, instrumentistas e foliões trocam informações e mídias a respeito dos acontecimentos. Os vendedores são também uma das principais fontes de informação aos foliões quando compartilham suas localizações e são também ajudados nas ruas. A inserção nesses grupos também foi fundamental para acompanhar esta presente pesquisa entre os novos movimentos que aconteciam nas ruas.

George Silva, vendedor amigo que conheci nas ruas, esteve presente especialmente nas festas e blocos do verão dessa década. Ele começou a trabalhar como ambulante a partir desses grupos de WhatsApp. Com promoções especiais para membros dos grupos que participa, customização da barraca, George é pedreiro no resto do ano e curiosamente, nas festas que ocupam obras recentemente transformadas da Cidade pós-Olímpica, é conhecido pelo carisma e circula por diferentes espaços junto dos blocos. Citando blocos como Minha Luz é de Led, Vamo ET e Boitolo, o vendedor comenta que a experiência do Carnaval lhe ajuda a aumentar as receitas na estação mais quente do ano, além de aproveitar as ruas da metrópole onde vive e de ajudar os músicos com cerveja e água.

> Comecei a circular nos grupos de Whatsapp depois que alguns amigos foliões me adicionaram. Fico sabendo a localização dos blocos nesses grupos, mas também divulgo. É com que com a participação nos grupos as pessoas me reconhecem na rua, me sinto até famoso. Com o Carnaval já comprei moto, fiz reforma em casa. Acho o Carnaval e as festas do Centro mais acessíveis do que na Zona Sul aos moradores da cidade, baixada ou Zona Oeste. Com o Carnaval já comprei moto, fiz reforma em casa, mas acima de tudo, me divirto na rua enquanto trabalho.
> (George Silva, ambulante e membro do Foliões Unidos)[30]

Para além de conhecido nas ruas, George foi tornando-se, para alguns, um dos símbolos "pop" das ruas, sobretudo depois que liderou uma campanha para a ausência de venda de cervejas de garrafa. Nomeado como "o Rei da Lata", num apelido que o mesmo aproveitou para divulgar, o vendedor recebeu um funk em sua homenagem editado por um DJ folião e passou a realizar cortejos mesmos sem músicos no final de alguns blocos. Com seu carrinho e muitas vezes ao lado de Rejane, sua esposa, ele passou a circular errante pela cidade tocando músicas em caixas de som entre pausas de conscientização sobre o uso de latas que não cortem e tenham a reciclagem mais fácil.

---

30 George Silva, vendedor ambulante e artista do carnaval, em entrevista a esta pesquisa. Dezembro de 2019.

Também a partir de uma prática ambulante, muitos foliões que não costumam trabalhar com essa atividade encontram brechas para aproveitar a festa e conseguir alguma receita. Da ambulante venda de sacolés em cortejos ou eventos culturais no início da década, o saxofonista Thales Browne, que hoje organiza vários blocos, começou a conhecer melhor o Carnaval e se inserir no circuito ainda no início da década, quando aprendia a tocar.

Com esses exemplos, podemos pensar a experiência do Rio de Janeiro, tão importante na constituição história do país, passa diretamente por sua informalidade e caráter ambulante, pela maneira como suas ruas se apropriam de si próprias. Consumo e criatividade na cidade passam acima de tudo por uma insistência em que parte da população tem entre marcar a tatuar este corpo urbano, entre suas gambiarras, modos de agir e ataques visuais que passam, acima de tudo, pelas trocas reverberadas nas ruas, muito comuns ao modo de vida ambulante adotado tanto pelos próprios vendedores quanto por quem ao lado deles faz a festa na rua.

A jornalista Jane Jacobs (2014), em clássico trabalho que transformou o olhar do planeta a respeito do urbanismo e planejamento ou espontaneidade metropolitana, reitera o quanto ações informais constituem a vida de uma metrópole como sistema que se auto-organiza. Reformar a cidade é planejar, mas a vida seguirá encontrando modos para recriar metrópole diante de suas necessidades. A Cidade só será de fato Criativa se se entender também como Ambulante.

CAPÍTULO 5: ATAQUES MUSICAIS E VISUAIS: BARCAS, PRAÇAS, PRAIAS OU ASSEMBLEIAS

ATAQUES VISUAIS DA PRAÇA XV E PAQUETÁ: O CARNAVAL POLÍTICO DA CIDADE ERRANTE

Depois de tantos anos circulando em eventos festivos nas ruas, passei a compreender que nesta pesquisa, meu rosto e meus olhos tornavam-se assim a mais importante e potente máquina fotográfica e melhor instrumento que eu tinha para registrar este trabalho e a rua. Depois de apresentar um olhar sensível a partir da história, das práticas culturais do presente e das mutações causadas na cidade entre alguns conceitos da economia criativa, proponho por aqui uma breve análise sobre essa experiência visual de ocupar a metrópole em festa.

Sempre ambulante e itinerante, ao longo de toda a década, eu caminhava demais pelo Rio e quase sempre levava comigo um celular velho, mas o clique das fotos era menos importante que a vivência dos instantes. O objetivo era estar lá, olhar e perceber a cidade, nas múltiplas formas de ocupação que se estabeleciam visualmente sobre a mesma. Um Rio de Janeiro redesenhado pelas imagens que os corpos em festa produziam nele.

Por aqui, proponho uma reflexão sobre as potentes imagens que essa cidade de festa é capaz de produzir. A visibilidade de um corpo da metrópole reinventado e revisto com as multidões festivas na rua. As festas como obras coletivas que atacam visualmente a cidade, entre múltiplos corpos que invadem as ruas e modificam arquiteturas. Pensar nessa perspectiva do artista ou cidadão urbano que ataca e remodela instantes entre praças e monumentos. A cidade pinta a si própria em imagens particulares conforme ocupa seus novos espaços construídos para outros fins.

Canevacci reforça como numa grande metrópole "mutantes panoramas urbanos e criatividades antropofágicas remastigam estilos, cruzam códigos, regeneram olhares, mudam panoramas, expandem corpos e fetichismos. Exigem artes visuais" (2013, p.108). Ocupar a cidade é marcá-la visualmente, pintar sua paisagem com o corpo. Estar na rua para ver e ser visto. Uma arquitetura corporal e efêmera que se entrelaça à paisagem da cidade.

Jacques (2011, p.46-47) critica a ideia do sólido e do fixo na arquitetura, valorizando exatamente a perspectiva do movimento, evocando a ideia de "simular uma construção imaginária numa tela de computador e ir modificando-a sem parar". E prossegue, valorizando a ideia do inacabado, que em sua visão "incita à exploração e a descoberta". A cidade seria, portanto, uma eterna obra inacabada e em movimento que pode ser ocupada pelo corpo em festa. Pensando na própria ideia de uma cidade pirata e ambulante que produz seus ataques festivos em suas ruas e praças, apresento por aqui um pouco dessas deambulações.

Acredito que haja muitas interconexões visuais entre aglomerações festivas, manifestações políticas ou demais movimentos que ocorrem quando várias pessoas simultaneamente *atacam* espaços públicos. A cidade é visual. Invadi-la com corpos e multidões um grande ato de potência e troca mútua. Para ilustrar melhor, conto novamente uma situação vivida na rua.

Vindo de um cortejo em 2019, me deparei com a cena da região ao redor da Praça XV ocupada em festa. Música itinerante, povo na rua. Invasão informal de cortejo. No passado, enquanto a área da Gamboa e Saúde recebia a população escravizada, o Porto da Praça XV, por exemplo, recebia autoridades. Zona de poder. É exatamente ali que permanecem as edificações da antiga sede do controle político do Brasil Colônia e Império (Paço Imperial) e também o antigo Parlamento brasileiro (Palácio Tiradentes, hoje Assembleia do Rio).

Podemos pensar que a ocupação carnavalesca daquele espaço criava imagens igualmente políticas de uma festa que se locomove e constrói cinematografias particulares. Uma metrópole entre seus monumentos usados nessa situação para deleite e ocupação de seus próprios moradores. Ressignificação. Um Rio de Janeiro que viaja por si próprio, nas ruas, alterando e ocupando paisagens que podem carregar significados políticos, festivos e sensíveis.

Jhessica Reia nos mostra como essa potente cultura artística que ocupa a rua no cotidiano muitas vezes acaba sendo alvo de invisibilidade, quando os mesmos "acumulam uma longa história de informalidade, marginalização e perseguição por parte do poder público" (REIA, 2018, p.83). No mesmo trabalho, a autora apresenta a perspectiva da criação de palcos efêmeros que se estabelecem em temporárias ocupações, que produziriam outras formas de sociabilidade e comunicação nos espaços públicos.

Nas imagens da ocupação das escadas da ALERJ, é possível perceber a tática efêmera de palcos que se combinam a públicos que são ao mesmo tempo espectadores e também interventores de tal processo, numa ocupação errante que vai ter o movimento como principal estratégia performativa. Claudia Seldin, ao comentar processos de mercantilização das imagens de capitais através do turismo e cultura, aposta na música itinerante e de rua, reiterando como "a presença inesperada de artistas nos espaços públicos propicia a criação de novas conexões humanas, de momentos especiais, de interrupção dos fluxos de pessoas em nome do desenvolvimento emocional" (SELDIN, 2017, p.192).

As ruas, portanto, seriam, como vimos em distintas vezes neste livro, um cenário propício para a valorização dos fluxos e do movimento na cidade para seus próprios moradores. A ocupação errática e anônima dos cidadãos nas ruas, incluindo através da arte, fortalece o *vai e vem* de uma grande capital que seduz turistas e estrangeiros por sua fama de ser intensa. Ainda assim, há uma recorrente ideia do Estado de controlar essas manifestações.

Na elaboração da Cartografia Musical de Rua do Centro do Rio,[31] de Fernandes e Herschmann, percebemos quando diversas vezes também a ideia da regulação e do controle se estabelece sobre os mesmos corpos que ocupam tais ruas. Em espaços vizinhos à própria Praça XV não é diferente. A imagem-movimento da rua em deslocamento, portanto, é muitas vezes empurrada a uma ideia estática de estagnação que a assombra. Rigorosas leis ou repressão se incomodam em ver uma cidade ocupada e ativa. Movimentar-se na rua em ato festivo, assim como em atos da política institucional, nem sempre é imune a retaliações.

Haroldo Costa (2000), por exemplo, retorna ao passado e trata ainda dos primeiros anos do século XX, quando a deriva e errância de alguns

---

31 Disponível em: http://www.cartografiamusicalderuadocentrodorio.com/apresentacao.html /. Acesso em: 19 nov. 2020.

cortejos carnavalescos era predeterminada pelo próprio presidente da República literalmente diante de seus olhos. Nesse processo, novamente a região ao redor da Praça XV, como a Rua do Ouvidor, teria relação com tal deriva.

Como conta o pesquisador, no início do século XX, no mesmo período da consolidação desses tais desfiles sendo acompanhados pelo presidente em carros (corsos), um dos primeiros ranchos da cidade, Ameno Resedá, realizou outro movimento e ocupou a barca de Paquetá em cortejo que destoava em imagens e estéticas daquilo que vinha sendo produzido pela cidade em caráter oficial. Mudou de rota, buscou outra direção.

Em plena embarcação a caminho da Ilha de Paquetá no meio da Baía de Guanabara, distante da fiscalização e da polícia política, era formado um cordão em disparada musical errante pela Baía: naquele momento, com informalidade plena. A dissidência e a inovação estética partia, portanto, de uma errância em busca de novos lugares a ocupar, a partir do próprio porto.

A imagem voltou a se repetir muitas vezes mais de um século depois entre o período anterior e pós-olímpico da cidade. Enquanto alguns megablocos eram autorizados nas ruas com grandes patrocínios, grupos como Pérola da Guanabara e outros cortejos como o Boto Marinho passaram a ocupar a mesma Ilha de Paquetá tocando músicas nas barcas. Em tempos de Carnaval e até de Festa Junina, partiam erráticos e sonoros em busca de um Rio de Janeiro muito diferente da imagem da tal Cidade Olímpica. A Baía não foi despoluída como as obras de década prometiam, mas os grupos optavam por mergulhar nela a partir da Praça XV, procurando novos espaços de ocupação informal.

Paquetá, portanto, surgia como um desses espaços de refúgio partindo da XV. A ocupação carnavalesca por lá, inclusive, chegou a se articular com moradores da Ilha em atuação política contra cortes de horários das barcas que vedariam o direito de ir e vir entre o morador dessa região e o restante da cidade.

Também vindo da Baía de Guanabara pela barca de Niterói, costumava chegar anualmente uma das Boiadas do Boitolo antes de sua caminhada errante pela cidade. A Sinfônica Ambulante se tornou tradicional como cortejo na cidade vizinha ao Rio, mas outras iniciativas igualmente passaram a ocorrer na região niteroiense e algumas delas partiam para lá justamente usando saídas musicais nas barcas a partir da Praça XV. Distante dos olhares da Sapucaí ou mesmo de blocos gigantes do Centro e da Zona Sul, essa forma de deriva pelas águas da Baía apresenta uma cidade que circula em busca de sua própria inserção metropolitana. Atrás da Praça XV, na rua do Mercado, o largo ali localizado chegou a ser rebatizado como "Largo do Boitolo", em homenagem ao grupo errante que por várias vezes partiu dali em suas derivas pelo Rio.

Pensar em toda essa história visual de ataques piratas errantes e musicais partindo da praça que foi o antigo porto "oficial" da cidade – e até hoje é porta de entrada e saída marítima para Niterói e Paquetá – é refletir a partir da cultura da errância e do movimento nessa mesma cidade. Em artigo escrito em 2019 – ao lado de Cintia Sanmartin Fernandes e Flávia Magalhães Barroso – apresentamos uma recente ideia de climatologia da errância no trabalho de coletivos culturais do Rio de Janeiro, incluindo os coletivos das festas de skate ou do Carnaval de rua.

Fraya Frehse (2019), em trabalho etnográfico que considera também histórias antigas no Centro de uma grande capital brasileira, chama atenção para um fator que vai na contramão desse processo da errância: a presença dos não transeuntes. A errância dos cortejos aqui estudados, muitas vezes oriunda da própria Praça XV, portanto, pode ser compreendida também como aproximada dessas duas características possíveis e híbridas – parar andando. Caminham, valorizando a lentidão do caminho.

O geógrafo Milton Santos,[32] em vários de seus estudos, costumava, em linha parecida, chamar atenção para a perspectiva dos chamados "homens lentos", indivíduos que mesmo em grandes metrópoles, vivem em outros tempos de cidade. Se exercitam na construção de novas cinematografias de um Rio de Janeiro, que sai inclusive à beira-mar e flutuante de encontro a essas formas de vida ali ainda resistentes. O movimento delas difere dessa perspectiva apressada de uma cidade em trânsito rápido. É também uma escolha estética, afetiva e política por uma caminhada lúdica que mistura movimento, contemplação e reconhecimento dos espaços da cidade onde se vive.

Pensar no movimento errante produzido a partir dos grupos musicais é pensar também nessas cinematografias de uma cidade portuária e errante entre o vai e vem dos próprios cidadãos – de quem chega e de quem vai à beira de suas águas. Nesse sentido, especialmente a ocupação dos cortejos e festas na Praça XV, tendo como ponto de partida Paquetá, Praça Mauá, Marechal Âncora e tantos outros espaços vizinhos, nos projeta a pensar nessa viagem imaginária por um Rio que – como um Pirata – navega ávido pela construção de novas imagens de si e dos espaços onde se depara.

A PRAÇA MARECHAL ÂNCORA E A CULTURA DA DERIVA

Em novembro de 2016, num cortejo do Viemos do Egyto que terminou na Praça Marechal Âncora, eu havia perdido meu documento de RG. Num determinado momento, me chamam no microfone, anunciando que o mesmo havia sido encontrado. O grupo tinha uma prática corriqueira de abrir tal microfone para livre participação dos frequentadores em recados e performances. Naquele momento, enquanto eu caminhava em direção ao palco para buscar o documento, uma das pessoas que se inscreveu para a Fala Livre anuncia à multidão da praça: "Estamos perto do Boulevard Olímpico! Eu queria dizer que APAGARAM A TOCHA OLÍMPICA, MAS NÃO APAGARAM O FOGO DO MEU CU."[33]

---

32 SANTOS, M. *A natureza do espaço*: técnica e tempo, razão e emoção. São Paulo: Hucitec, 1996..

33 Participante anônimo do Vyemos do Egyto, Marechal Âncora, em 20 dez. 2016.

A frase inusitada arrancou risadas da plateia, mas ficou em minha cabeça dias depois. Ela me aproximava de pensar nas novas frequências da cidade a partir de novas práticas num Rio de Janeiro que acabava de se tornar pós-olímpico – em performances visuais e Piratas. Uma praça que raramente era usada no dia a dia, ocupada por centenas de pessoas com fantasias douradas numa madrugada de domingo.

Por sua experiência performativa, a Marechal Âncora e os Viemos do Egyto, em ataques noturnos, errantes e clandestinos poderiam ser entendidos, nos termos de Careri, como "parte fundamental do sistema urbano e são espaços que habitam a cidade de modo nômade", compondo um território autodefinido e experimentado em suas brechas (2012, p.516).

Flávia Magalhães Barroso (2016) relembra o apelo imagético, político e performativo do grupo naquela praça, quando, nessa mesma ocasião, foi realizado o "Ritual Trybal de transmutificação y despacho do Eduardo Cunha". Me recordo vagamente de tal cena, nesse mesmo domingo comentado, de observar em plena madrugada na praça um boneco de lutador de boxe vestido de terno e sendo atacado por purpurinas em gritos divertidos e eufóricos de protesto. Na madrugada de domingo para a segunda, numa praça raramente utilizada no Centro, eu estava diante um boneco atacado com chuva de purpurina por uma multidão eufórica em catarse.

A alegria não era gratuita. Era um grito contra uma figura que vinha repetindo preconceitos e desrespeitos a liberdades individuais no Congresso naquele ano. Sorrir em torno daquilo que ameaça, entre corpos ameaçados por tal figura hostil. Em plena madrugada de domingo, de forma Pirata, sob as luzes da praça que a Prefeitura tinha acabado de reinaugurar para os Jogos Olímpicos. A cidade como uma arena de experimentação física e visual.

Rocha (2006), em discussões do âmbito da visualidade, já chamava atenção para o crescimento de manifestações urbanas juvenis no início do século que lidavam com esse jogo de imagens entre corpo e cidade. Assim, cita os *flash mobs* que "servem-se do fluxo urbano e das redes tecnológicas para dar visibilidade a sua assumida e divertida efemeridade" (ROCHA, 2006, p.13). Na calada da noite ou de forma inesperada, com essas festas de rua aqui estudadas, multidões atacam visualmente os espaços juntamente de suas potências sonoras, surpreendendo desavisados. A cidade abre margem para esse jogo de imagens constantemente produzidas e por ela disputadas. Corpos específicos atacam áreas que não habitualmente costumam receber esse tipo de circulação, reivindicando aquele espaço.

É importante lembrar que o Viemos do Egyto tinha temática majoritariamente LGBT. Nesse sentido, construía imagens visíveis e possíveis em circulação por determinados espaços. Num dos primeiros anos do bloco, em 2013, por exemplo, o Brasil representava índices de assassinato de uma pessoa LGBT por hora. A prática da caminhada do Viemos do Egyto, num centro noturno e pela madrugada, construía, além de arquiteturas do movimento, também práticas de segurança e circulação para pessoas que, numa cidade institucionalmente conservadora, têm também privados seus direitos de ir e vir.

Essa ideia de uma segurança itinerante nos aproxima simbolicamente de uma ordem de proteção que é, ao mesmo tempo, material, imagética e sensitiva. Em plena praça com nome de Marechal de guerra. Como consta no Centro de Pesquisa e Documentação de História Contemporânea do Brasil da FGV,[34] Armando de Morais Âncora foi um comandante da Marinha brasileira que comandou na Segunda Guerra Mundial e viveu até os primeiros meses do Brasil em regime militar a partir do Golpe de 1964. Curiosamente, a região que já recebeu no passado o nome de Largo do Moura, vizinha à Praça XV, sempre foi espaço de muita sociabilidade no Rio entre mercados e feiras públicas por ali instaurados.

Antes da conclusão do processo da Cidade Olímpica, entretanto, a praça vizinha ao mergulhão de carros da XV era constantemente mostrada em manchetes de violência e abandono.[35] Exatamente a partir de um grande mergulhão, agora para pedestres, que muitas festas passaram a se desenvolver ali, mas só em datas específicas. Atividades culturais de programação por lá são raramente divulgadas na grande imprensa, partindo de divulgações das próprias festas e blocos Piratas estudados aqui ou de eventos produzidos.

Curiosamente, nos poucos anos do Rio pós-olímpico, uma praça "esquecida", com nome de Marechal de Guerra, no coração de vias expressas do Centro, foi tornando-se o principal refúgio de ataques

---

34 Acervo FGV. Disponível em: http://www.fgv.br/cpdoc/acervo/dicionarios/verbete-biografico/ancora-armando-de-morais Acesso em: 10 dez. 2019

35 Matéria do jornal *O Globo*, disponível em: https://oglobo.globo.com/eu-reporter/cruzar-praca-marechal-ancora-noite-flertar-com-perigo-4957007 Acesso em 10 dez. 2019.

visuais para distintas festividades. Alguns eventos com temáticas da negritude, LGBT, eventos de skatistas, *sound systems* jamaicanos, shows de bandas de rock e uma série de atividades repentinas, não regulamentadas e Piratas passaram a acontecer ocasionalmente por ali – especialmente na calada da noite ou nos dias claros quando a fiscalização não as via.

Em alguns sábados, especialmente nas manhãs, era curioso ver como também, por exemplo, naquela mesma área pescadores, imagens destoantes de atletas e o tradicional mercado de antiguidades da Praça XV dividindo espaço com imagens dos foliões virados saindo da Marechal Âncora. É importante de lembrar que, ao contrário de espaços, como a Lapa ou Largo São Francisco da Prainha, a própria Marechal Âncora nem sequer conta com bares e residências em seu entorno, dependendo totalmente da ocupação e produção festiva de foliões, articuladores culturais ou ambulantes.

Desde 2015, grupos como Boitolo, Sereias da Guanabara, Viemos do Egyto, Cortejo dos Signos, DigitalDubs, Vulcão Erupçado, Minha Luz é de Led, Digital Dubs, Fanfarra Black Clube, Filhotes Famintos, Acarajazz, Quilombike e muitos outros já estiveram por lá construído visualidades particulares. É curioso pensar como uma das praças menos badalada das reformas olímpicas, sem projeto de comunicação específico sobre a mesma, em meio a vias de difícil circulação e encravada entre o porto das barcas e centros de Aeronáutica e o Aeroporto Santos Dumont tenha se tornado um dos grande xodós do Carnaval e das festas de rua.

Em brincadeira com o nome da Praça e os usos dados a ela pelos grupos culturais, o cortejo Dali Saiu Mais Cedo – que faz clara referência ao espanhol surrealista – resolveu readaptar o nome da Praça em questão. Nesse percurso, ocupou a região em fevereiro de 2019 num ataque Pirata e repentino. Produzindo o que chamaram de "casamento surreal", realizaram uma performance visual nos moldes das que fazia o Viemos do Egyto dois ou três anos antes. Assim, fazendo referência aos "tempos em que o fascismo cobiça nossos corpos e almas",[36] exaltaram uma celebração das diferenças e liberdades de vida naquela mesma praça.

Curiosamente, o nome Marechal de guerra os incomodava. A eles e a outros grupos. Assim, o cortejo, que nas redes sociais se intitula como "não sendo um bloco" realizou um rebatismo simbólico da Praça com novo nome de "Praça da Deriva".

"Do dicionário: Deriva = desvio de rota de um navio ou de uma aeronave causado por ventos correntes",[37] apresenta o grupo, em publicação que explica o novo nome da Praça. Maffesoli (2001) fala da deriva como arte e nesse contexto elimina as fronteiras entre a mesma e a vida. Podemos pensar nesse viver contemplativo da Marechal entendendo aquele subterrâneo cinza, pouco utilizado, numa cidade em crise e esvaziada, como uma composição visual que se aproxima de uma aventura.

> É isso que, na esteira dos surrealistas, os "situacionistas" dos anos 60 tinham percebido muito bem praticando o que chamavam de deriva urbana ou "psicogeofrafia". A cidade era, desde então, um terreno de aventura, em que o lúdico e o onírico tinham um lugar especial. Aventura que era um modo de viver experiências de toda ordem, de suscitar encontros, e fazer da existência uma obra de arte. (MAFFESOLI, 2001, p.88),

Rebatizada, a Praça da Deriva, portanto, reverberava o cotidiano da cidade como obra de arte, em superfície visual que é vivida e sentida entre os olhos e o tato. Na tal praça "esquecida", ao lado de outros aparelhos que recebiam eventos internacionais, roda gigante e atenção. Nesse sentido e talvez também por isso, o vão da Marechal Âncora se enquadra num vazio estético propenso a uma reconstrução particular pelos grupos.

Apesar de embargado em 2020, o Cortejo do Minha Luz é De Led, naquela mesma Praça Marechal Âncora, reuniu por alguns anos nas quintas de Carnaval de 10 a 20 mil pessoas com luzes coloridas, pouca roupa e em muitas imagens subversivas. Na página do Facebook do

---

36 Publicação do Instagram @dalisaiumais cedo. De 28 fev.2019. Acesso em: 13 dez.2019

37 Publicação do Instagram @dalisaiumais cedo. De 28 fev. 2019. Acesso em: 13dez. 2019

projeto, depois de um desses eventos, uma foliã concluiu insinuando sobre a praça visualmente: "gente, ainda bem que o *Prefake* abandonou a Prefeitura... ele não ia deixar tumultuar a #cidadelinda assim não!!".

O RIO CINZA, O TECHNO MUSIC E O CARNAVAL DE UMA CIDADE FRITA

Em março de 2019, eu seguia o ritmo frenético de um cortejo do Technobloco pela madrugada em plena segunda para terça de Carnaval. O grupo, também pela sonoridade, normalmente fazia seus cortejos começando à noite. Tocando música eletrônica em instrumentos orgânicos como sax e caixas, desde meados da década, rumou algumas vezes pela região portuária ou em outras áreas poucos convencionais e nunca presentes nesse "circuito" de Carnaval da cidade, como Catumbi, São Cristovão e Praça da Bandeira.

Construindo percursos por um Rio de Janeiro cinza, o grupo já havia ocupado as ruínas do Museu Nacional meses antes. Naquela ocasião de março, partia em ritmo de corrida do AquaRio caminhando em direção oposta à Praça Mauá ou Centro histórico: no sentido da rodoviária, Avenida Brasil, Tijuca ou Ponte Rio-Niterói. Contrário à Zona Sul, contrário ao Porto Olímpico. O exemplo é importante, para pensar como música e imagem se relacionam e o quanto algumas manifestações musicais recentemente dialogaram com a estética de determinados territórios do Rio.

Assim, em caminhada frenética oposta às famosas praias da cidade, construía percursos pouco habituais de andar a pé, inclusive para boa parte dos cariocas que estivessem naquele cortejo e que não fossem oriundos daquelas áreas. Para mim era curioso, uma vez que foi uma das poucas vezes em que um grupo desse Carnaval caminhava para se aproximar do lugar onde vivo, numa região da Zona Norte, mas que ainda é relativamente próxima ao Centro e do próprio porto. O bloco seguia, portanto, em áreas já pouco convenientes a pedestres e bem diferente do Boulevard Olímpico, como a Via Binário do Porto e ruas paralelas. A rua era de trânsito rápido, ritmo frito, em direção a uma área da cidade, naquela região específica, bem menos contemplativa ou de passeio. Rumava-se, portanto, a um Rio de Janeiro industrial com interconexões com seu passado de fábricas no século XX.

Foi nesse cenário de cidade, depois de eu ter sido quase atropelado por um carro quando atravessava uma perigosa rua junto do bloco, que me deparei com o vendedor ambulante George Silva, amigo que tinha feito em Carnavais passados, naquele momento me pedindo ajuda. Junto de foliões que assim como eu ali passavam, ele ajeitava o pneu de seu carrinho que não poderia deixá-lo na mão com ainda mais de 30h de Carnaval pela frente. Com domínios mecânicos e ferramentas, rapidamente o ambulante aniquilou o problema com nossa ajuda usando um *step* e o bloco seguiu seu rumo frenético rumo à Rodoviária.

Aquela cidade e ambiência instaurada pelo bloco em nada tinha a ver com a cidade a passeio turístico e em regime de balneário que a Cidade Olímpica tinha tentado veicular sua imagem anos antes. A metrópole é feita de cores e aqui falamos de sua ocupação à beira-mar, mas muito longe da praia e em visualidade bastante cinzenta. Como vimos, o Rio também é fabril.

Diversos autores abordam o processo de transformação estética da região portuária da cidade nesse caráter de reformulação de imagens. Claudia Seldin, na linha de Fernanda Sanchez, comenta, por exemplo, como desde o início da década, projetos como os portos de Barcelona e Buenos Aires inspiravam uma nova proposição para o Rio. Tanto Seldin (2017), quanto Sarlo (2009) apresentam o fetiche que algumas capitais passaram a exercer sobre áreas industriais como portos, antigas áreas de fábricas e afins, na construção de polos de cultura.

Junto disso, além das gentrificações, o que nos interessa por aqui é justamente a compreensão pelas festas de uma estética do porto enquanto área de maquinário e indústria. Muitas vezes tudo foi apagado nos recortes da reforma, mas o Porto do Rio está longe de se esgotar nas áreas mais claras do Museu do Amanhã e Boulevard Olímpico. Bem perto dali, é possível redescobrir um Rio industrial por contra própria e a música tocada nas ruas ajudou a isso.

Cortejos e blocos que também se interessaram em atacar sobre a cidade cinza, industrial e fabril passaram a emergir no Rio. Destoante da cidade balneário, a cidade industrial também tem suas imagens produzidas pelas festas, capazes de denunciar cicatrizes abertas na metrópole diante do devir e ataque de tais grupos. Para melhor ilustrar essa experiência, os convido a acompanhar por aqui brevemente minha experiência com os blocos de música techno.

Antes de mais nada, é importante ressaltar como esse estilo musical tem muita relação com alguns ritmos cariocas. O techno nascido na cidade industrial de Detroit influenciou o Miami Bass, que por sua vez influenciou o funk do Rio. Nos anos 80, as bases de techno da banda alemã Kratfwerk se aliaram aos remixes do norte-americano Afrika Bambataa também influenciando – na união entre o techno e o hip hop – boa parte da música urbana do Rio de Janeiro no final do século XX.

Marcelo Yuka, citado no início do trabalho e que passou a maior parte de sua vida morando entre bairros de passados industriais, distantes da Zona Sul, também costumava apontar o ritmo como referência para bandas da mesma época. Curiosamente, grupos como O Rappa e Planet Hemp tinham a vivência em bairros como Lapa, Andaraí, São Cristóvão ou Campo Grande como bases de sua formação – todos distantes de uma estética carioca praieira e de balneário.

Embora não pareça, parte da metrópole do Rio tem a cara do techno. Na segunda década dos anos 2000 não foi diferente. Numa realidade carioca desse momento histórico, reformada constantemente por obras, o ritmo louco do barulho de britadeiras ou guindastes fez parte da rotina dos moradores do Rio. Em todos esses anos, para viver essa cidade reformada que acolhia turistas, o convívio com maquinário pesado tornou-se rotina de milhões de moradores da capital fluminense. Como veremos a seguir, a estética da música techno dialoga também com esse contexto. Foi exatamente nessa época que muitos blocos de Carnaval da cidade passaram a tocar instrumentos orgânicos, clássicos ritmos dessa música eletrônica tão popular em Detroit e Berlim dos anos 80 e 90.

Elas estão distantes de atabaques, batuques, marchinhas, afoxés. Na cidade reformulada para receber turísticas, os blocos techno estiveram propondo uma música mais popularizada em raves estrangeiras para circular por um Rio de Janeiro fabril. Normalmente correndo, com poucas pausas ao longo dos percursos e capazes de atravessar de uma região da cidade à outra numa mesma noite, muitos cortejos, especialmente do Technobloco, apresentaram uma renovação estética do Rio. A curiosidade é que a maioria das vezes eles aconteciam em espaços pouco usuais, vias de trânsito rápido e em bairros cinzentos. A música tocada, em batida que imita a eletrônica, passou a ser ocasionalmente replicada em muitos outros cortejos de outros grupos. O ritmo acelerado se tornou também uma tendência estética para muitos musicistas do Carnaval carioca em alguns de seus ataques musicais.

Technobloco, Technobrass e até mesmo blocos como o das Tubas passaram a executar esse tipo de música com metais e percussão, com especial atenção visual ao ambiente escolhido para o cortejo passar. Muitos dos membros desses grupos eram estrangeiros vivendo no Brasil, mas que em parceria com músicos locais faziam os cortejos acontecerem. Invasões de multidões em túneis eram também constantes.

Para além dos ataques festivos entre praças, Centro Histórico e aeroporto no Rio à beira-mar, destaca-se a existência dessas iniciativas debruçadas exatamente sobre o concreto ou ao aço de uma cidade de indústrias. Avenida Presidente Vargas, Praça da Bandeira, Rodoviária, pequenas ruas de São Cristóvão: o corpo mergulhado na metrópole das fumaças e engrenagens.

Staci (2018) apresenta o cotidiano da popularização do techno no final dos anos 1980 e início dos 1990 nos Estados Unidos ou Europa. Inicialmente em Detroit, a cidade esvaziada e da desindustrialização dava lugar a uma música fabril e frenética que surgiu com a juventude negra. Já em Berlim, com a queda do muro, era o reencontro da cidade consigo mesma e as várias marcas daqueles anos de separação. Na Alemanha, a música techno também se impunha anos antes como potente laboratório urbano. Uma juventude eufórica para encontrar a metrópole que ficou separada, estar em multidão e ocupar a rua daquela reunificação conturbada e inspiradora.

No Rio, com tanta imagem clichê veiculada da cidade, entre obras, reformas e especulação imobiliária, a fusão do techno com o Carnaval de rua marcou quem esteve pelos espaços públicos naquele período para reinventar a cidade de forma bastante específica. O techno é uma música de "estética frita", cinza, mecânica, complexa. Carrega uma estética de Rio de Janeiro distante até do subúrbio tradicional, do Centro histórico ou da Zona Sul. Do mesmo Massimo Canevacci, deparei-me com uma interessante menção à própria origem do techno e sua relação fabril com espaços urbanos que se aplicam também por aqui.

> A ex-fábrica está descontextualizada e modificada em interzona do prazer. Um pedaço moderno da metrópole, nascido para funções produtivistas e colapsado, é sujado de novo com códigos arranhados dos Mazinga-trash, por baixo de uma música *techno* compulsiva que fragmenta qualquer unidade do eu (ou do coletivo) e o faz viajar num quase-espaço destinado a viver uma única longa noite. (CANEVACCI, 2018, p.77)

Os cortejos de música techno reverberavam uma vontade de caminhar por uma cidade que em muito pouco se parece ao Rio de Janeiro tranquilo e das imagens olímpicas. Apesar dos mesmos terem sido produzidos majoritariamente por uma classe média, é possível estabelecer relações nesse ritmo frenético dos mesmos com as também frenéticas batidas do próprio funk que se transformava no período dentro das comunidades do Rio quando o 150bpm se desenvolvia simultâneo ao fracasso da UPP. Uma cidade frenética que corria nas brechas, paralela aos planos e imagens que divulgavam dela.

Em pelo menos duas oportunidades depois dos Jogos Olímpicos e sempre com algumas tensões com a polícia, o próprio Technobloco, várias vezes reprimido, esteve por áreas não convencionais do milionário Porto Maravilha. O folião Bruno Kovachy, DJ de música eletrônica que cresceu na Zona Norte do Rio, comenta que a experiência do bloco o "apresenta novas formas de ver a cidade conforme caminho nela".[38]

Kovachy lembra ainda que no começo das raves europeias ou dos Estados Unidos, havia um mistério acerca da localização das mesmas, sendo elas informadas de última hora sorrateiramente para driblar as autoridades. Em vários cortejos, como do Technobloco ou de outros grupos, essa mesma estética da incerteza, do mistério e do segredo se estabeleciam nas ruas cariocas. Em 2018, por exemplo, milhares de pessoas tomavam a Praça da Bandeira e São Cristóvão no último dia de Carnaval para um cortejo do Technobloco, que assustou as autoridades. Um helicóptero da PM passou a sobrevoar a região. No dia seguinte, a TV Globo dava a notícia assustada.

Para além do clichê associativo de uma juventude vinculada pelo senso comum a uma descoberta de novas drogas ilícitas, como fazem desde sempre analistas preguiçosos ao simplificarem as raves, deve-se reconhecer que havia no Technobloco uma "redescoberta" de uma cidade que sempre esteve ali, encoberta por distintas imagens ensola-

---

38 Comentário de Bruno Kovachy, DJ, administrador e folião, em breve entrevista desta à esta pesquisa ao final do Carnaval de 2019. Março de 2019.

radas que decidiram forçar "goela abaixo" ao Rio de Janeiro e seus moradores. Num litoral pouco visto, impróprio para banho, na parte superior do porto que não abriga os cruzeiros, haveria a possibilidade de parte da cidade encontrar não mais com seu passado colonial, Imperial ou do início do século, mas com uma cidade de uma recente tradição fabril no antigo Distrito Federal do país que agora também transformou-se.

No Rio de Janeiro, abriu-se espaço pelos cortejos informais nessa deambulação temporária para Pirata construírem, por conta própria e efêmera, sua deriva e ataque rumo a um Rio cinza e caminhando em direção à sua antiga zona de indústrias. Com seus corpos em catarse interessados na ruptura da estética corporal padronizada da Cidade Olímpica, há subversão comum na proposta do Technobloco e no que era o propósito inicial da música techno americana com as primeiras duplas de DJs que a idealizou:

> Trancados em um apartamento imaginando cenários futuros onde homens e máquinas coabitariam em um mundo distante da realidade quotidiana dessa cidade decadente e alienante, todos os dois inventaram um novo som, um funk eletrônico e mental onde os grooves da música negra se casavam com a fria música eletrônica europeia de solo europeu. (STASI, 2018, p.147).

Nessa lógica, ao contrário de inserir-se em clubes fechados ou fazer sua produção musical em apartamentos, o Technobloco surgia no Rio de Janeiro disposto a flutuar pela cidade de forma aberta, destoante daquela estereotipada por olhares olímpicos ou postais turísticos. Saía para escancarar a cidade em suas cicatrizes, nos espaços em que o turista não era induzido normalmente a conhecer, mas que o morador que habita o cotidiano acaba tendo em seu dia a dia de trabalho. Por ali cortejando, os grupos tornam-se importantes laboratórios para pensar o Rio de Janeiro em recentes mudanças estruturais, entre uma metrópole industrial que se transforma em comunicacional, mas mantém seus esqueletos de indústria, suas vias de acesso, seu maquinário utilitário de funções estruturais ao funcionamento urbano convencional.

CAPÍTULO 6: A RUA É POP: FESTA, VISIBILIDADE E ESTRATÉGIAS DE SUBVERSÃO

CARNAVAL, FESTAS DE RUA E AS POLÍTICAS DE VISIBILIDADE AOS CORPOS ENVOLVIDOS

Essa pesquisa começou nas minhas vivências com coletivos nas ruas especialmente a partir de 2010 e se formalizou em março de 2018, quando ingressei no Programa de Pós-Graduação em Comunicação Social da UERJ. Ela nasceu e foi defendida em banca inicialmente com um recorte específico da cidade pós-olímpica. Como comentei, ao longo dela fui também percebendo o quanto dessas discussões já circulavam e tratavam na verdade de processos com implicações por toda uma década. Nesse sentido, é interessante pensar como num período de dez ou 11 anos muitas pautas políticas se popularizaram e fortificaram no país. Elas cresciam simultaneamente ao avanço de um perigoso fanatismo conservador que chegava ao poder.

No mesmo ano de 2018, quando comecei no mestrado, muita coisa foi administrativamente se agravando no Brasil. Gestões governamentais com tradição incivilizada se estabeleceram na Presidência da República e Governo do Estado. Na Prefeitura já havia o fundamentalismo religioso completando mandato. É importante pensar a perspectiva do ativismo musical e dos corpos na rua diante disso, uma vez que em regime pré-olímpico os coletivos de rua já falavam abertamente em combater machismos, racismos e uma série de processos que reverberam apagamentos e silenciamentos.

De fato, quanto mais a rua se popularizava, maior era o número de pessoas em contato com ela própria e com múltiplas bandeiras e modos de pensar. Numa sociedade com cada vez mais medo do desconhecido, estar e ocupar a rua é **claramente um ato político**, mas a questão vai além. Para além da crítica que observa de longe esses blocos como sendo apenas um tipo de manifestação que cativa um público normalmente de classe média nas ruas, é também necessário perceber o quanto corpos, práticas de vida e disputas simbólicas se interessam em penetrar exatamente esses mesmos grupos culturais para reafirmarem suas pautas, potencialidades e direitos, como veremos a seguir. Inclusive para mostrar os erros desses mesmos grupos festivos. O Carnaval voltava a crescer paralelo ao totalitarismo, mas dentro dos próprios blocos e coletivos de rua muitas pessoas estabeleciam suas lutas e bandeiras.

Além disso, em pleno Brasil bolsonarista, é também necessário perceber e enfatizar os impactos nefastos da fala de chefes de poder executivo na atuação sobre o sentido do espaço público. Observa-se um cenário no qual, cada vez mais, algumas figuras toscas que chegaram ao poder comentam mais sobre violência nas ruas do que sobre aquilo tudo que as ruas potencializam entre sua cultura e potência. Exatamente nesse ambiente onde determinados corpos e modos de vida são repetidamente tratados com determinado rechaço, é importante pensar a perspectiva subversiva dos mesmos através da festa em espaço público.

Quando eu escrevia algumas dessas páginas, escutava, por exemplo, na TV de casa uma fala do ministro Paulo Guedes na Globo News.[39] Em termos aproximados, Guedes enunciava que um governo "enérgico" havia sido eleito e que em sua missão poderia combater *black blocs* e "todo aquele carnaval". É curioso pensar como muitas vez o termo *Carnaval* foi ao longo dos anos sendo usado por instâncias governamentais em conotação até mesmo pejorativa.

Não sei exatamente o que ministro quis dizer com a frase, mas é possível imaginar seu sentido. Meses depois, quando veio a pandemia de COVID-19, não demorou nem dois dias para que instâncias conservadoras, sem embasamento científico algum para dizer isso, apontassem a folia como maior culpada pelo começo da mesma enquanto cultos evangélicos e shoppings permaneceram lotados. Se o Carnaval virava pop, para muitas pessoas que detestam a rua, ser fascista também estava sendo. Mas a festa, como sempre, respondeu.

Simas (2019, p.124) relembra uma história do passado e o caso da morte do Barão de Rio Branco, icônico milionário e figura importante da política brasileira virada do século XIX e XX. Seu falecimento por muito pouco não cancelou o Carnaval de 1912 e as autoridades tentaram anular a festa nas ruas cariocas – alegavam que a cidade estava em choque com a morte da personalidade. Curiosamente, o povo foi às ruas mesmo assim, cantando em deboche que o presidente da época, Marechal Hermes da Fonseca, deveria "ser levado junto".

---

39 Disponível em: http://g1.globo.com/globo-news/videos/v/paulo-guedes-e-a-economia-brasileira-em-2020/8176746/ . Acesso em: 18 dez. 2019

Por tudo isso, é gritante repetir sobre a potência dessa festa que descoloniza, é amada e odiada e que vai muitas vezes de encontro a versões do país e controle dos seus corpos. No Brasil do governo Bolsonaro, que cultua uma ideia restrita de Jesus branco com selo de heteronormatividade e comportado, é de se esperar que tal palavra carnavalesca seja vista como palavrão ou algo negativo.

Não por acaso, nos primeiros anos de seu governo, Jair Bolsonaro fez uma série de *tweets* buscando razões para condenar a festa nas ruas. Como apresenta Simas (2019, p.124), o Carnaval, especialmente no Rio de Janeiro, atua como um "aguçador de tensões". Esse processo se dá, especialmente, numa cidade de tradição "rueira e pecadora" em disputa com uma outra cidade que, a partir de várias forças e durante muitos anos, segue tentando se enquadrar numa ideia de judaico-cristianismo conformado que nunca foi absolutamente aceita por aqui. O Rio do Carnaval de rua sempre foi das mulheres, foi negro, LGBT, foi dos corpos livres. Pensar a perspectiva do consumo, visibilidades e popularização desta festa específica, sobre as obras do Rio conformado, é também pensar na trajetória política de tais corpos. Inclusive para aguçar tensões inseridas dentro dos grupos.

Que os governantes do final da década – entre um bispo, um juiz preso e um ex-militar – podem ter conflitos específicos de interesse com a liberdade da festa nas ruas é quase óbvio. Mas é interessante destacar também, por exemplo, quando a mesma ingressa em controvérsias dentro dos próprios grupos.

É necessário refletir o quanto os corpos inseridos nesse Carnaval de rua e nessas praças recentemente reformuladas também não apresentam algumas vezes controvérsias, organizações e conflitos internos. O quanto "grupos minoritários" dentro da própria festa constroem suas formas de luta e subjetividade. Ou, pelo menos, quando os mesmos constantemente apontam nesse Carnaval e festas de rua as falhas dela própria e, assim, reconduzem ou reorganizam as reivindicações particulares na rua. O Carnaval que estou adjetivando positivamente de Pirata e as festas de rua que aqui trabalho também surgiam para tirar a si próprios de uma zona de conforto.

Lemos (2014) trabalha a perspectiva da Cartografia das Controvérsias, inspirada na teoria ator-rede de Latour (2012). Segundo o autor, a controvérsia seria o momento ideal para "revelar a circulação da agência, a mediação e as traduções entre actantes" (2014, p.106).

Pensar o Carnaval e a festa de rua a partir das controvérsias é interessante, especialmente para trabalhar essa perspectiva dos corpos inseridos nessa festa construindo suas lutas diversas.

Ao pensar a perspectiva do consumo e das controvérsias em torno dos corpos nos espaços transformados do Rio dessa década, retomo, por exemplo, novamente a história do grupo Viemos do Egyto. O caso é bem simbólico.

Nascido como bloco ativista LGBT, ele foi um dos primeiros a ocupar a região ao redor do Boulevard, logo em sua inauguração. Depois de anos de atuação e passagem por São Paulo, o grupo decidiu deixar de sair todo ano, inicialmente sem explicar o motivo. Diante da grande popularização do grupo, foi notória a ampliação e transformação do seu público.

Muitos grupos em casos semelhantes optam por aproveitar essa perspectiva, fazer shows fechados e levantar caixa. O grupo em questão, entretanto, decidiu parar momentaneamente de ir à rua quando não via mais tanto sentido em tal ocupação. Na ausência do bloco original, alguns foliões decidiram suprir o espaço deixado pelo mesmo. Assim, criaram um novo bloco com músicas e fantasias semelhantes ao antigo e nome parecido.

Meses depois, o bloco "original", usando foto de um ambulante, fez um pronunciamento oficial anunciando que não teria nada a ver com manifestações de nomes parecidos e que rechaçava "posturas hegemônicas e excludentes que reproduzam a marginalização de parcelas sociais historicamente descriminadas".[40] Sem citar o nome de nenhum outro bloco, mas com post que faz referência ao surgimento de novas manifestações semelhantes, o grupo questionou normatizações, apagamentos do Carnaval e os propósitos que os motivariam permanecer nas ruas.

> "[...]Evocamos o poder oriundo da rua com muito respeito e cuidado com todas as pessoas que acompanham o bloco fazendo a gira acontecer, em especial xs trabalhadores de rua que são nossxs aliadxs e resistências cotidianas às perversas políticas de [des]ordem públicas das prefeituras. Nesse sentido, não toleramos posturas racistas, classistas. Elitistas e acusações levianas contra os camelôs. Estes que sempre foram parceirxs homenageades publicamente em nossos cortejos. A Travessya do Deserto do Saara,

---

40 Disponível em: https://www.facebook.com/vviemosdoegyto/photos/a.15369369 96548645/2270251293217208/?type=3&theater. Acesso em: 17 dez. 2019.

evento que fazemos em saudação a elxs é um marco dessa aliança egypicix. Admira nosso brylho, quer se inspirar? Copia y multiplica a inserção de corpos fora do padrão que já são marginalizades pela sociedade criando um lugar para que se sintam konvidades [...](Viemos do Egyto, 2019)[41]

Essa experiência do bloco é um exemplo de como a perspectiva do consumo diante dos corpos envolvidos também passa por uma perspectiva ética comunicacional, que, como relembra Rose de Melo Rocha, "demanda uma inserção crítica, criteriosa e curiosa das ecologias comunicacionais e midiáticas da atualidade" (2012, p.130). Nesse sentido, podemos refletir no quanto nessa cidade de tantas disputas em espaços públicos relativas à comunicação e imagens, essas iniciativas festivas nas ruas, quando mais visíveis, também podem ter o compromisso de não produzirem invisibilidades.

Muito já foi discutido a respeito da cidade pré e pós-olímpica, tratando do quanto as reformas urbanas aqui estudadas poderiam produzir específicos apagamentos de corpos e modos de vida tradicionais do Rio. Como comentei, há a necessidade de refletir acerca do quanto essas manifestações espontâneas e festivas, ao passo em que se tornam populares e transformam-se em produtos de grande visibilidade, também não se exercitam na exposição de tensões e na construção de cidades visíveis. Afinal, quais corpos são vistos e percebidos nesse Carnaval e festas de rua quando esse movimento é mais observado? E como lidar com essa (in)visibilidade?

A resposta é justamente a intensificação de uma disputa e possibilidade de subversão. Para além da complexidade notória de incorporar cada vez mais corpos hegemônicos que se aproximam dessas festas quando os blocos ganham fama, o Carnaval de rua, ao tornar-se cada vez mais popular para novos públicos, pode servir justamente para aguçar algumas tensões e reverberar sua politicidade a mais gente. Popularizar também para chamar atenção e tensionar algumas pautas ou revelar contradições e problemas nos próprios blocos e no próprio movimento. As formas disso acontecer são várias, conforme veremos a seguir.

---

41 Disponível em: https://www.facebook.com/vviemosdoegyto/photos/a.15369369 96548645/2270251293217208/?type=3&theater. Acesso em: 17 dez. 2020.

CARNAVAL DOS CORPOS VISÍVEIS: DAS PAUTAS LGBT+ AOS FEMINISMOS E AS QUESTÕES RACIAIS

Em meados de 2015, quando organizava um evento de rua junto de uma grande rede de amigos, fomos surpreendidos com uma notícia bárbara. O jovem Adriano Cor, produtor cultural e homem LGBT+, integrante do Tambores do Olokum, foi morto em agressões por homofobia perto de sua casa. Em matéria do G1, amigos declaram que o jovem temia violências por sua orientação.

A verdade é que, apesar de no período olímpico vender internacionalmente uma imagem de cidade *gay friendly,* o Rio de Janeiro continuava sendo um espaço extremamente hostil, machista, homofóbico, transfóbico e racista. O Carnaval, apesar de gritar que gostaria que a "fantasia fosse eterna", também lidava com essa realidade de metrópole. Afinal, foi exatamente aqui que boa parte do totalitarismo institucional do país ganhava corpo: exatamente no período enquanto a cidade organizava Copa do Mundo e os Jogos Olímpicos.

Engana-se, entretanto, quem pensa que essas tensões e problemáticas não sejam pautas dos grupos e coletivos. Nesse terreno de múltiplos perigos e apagamentos, como anuncia Judith Butler, os corpos são "interpretações corporificadas, engajadas em uma ação alada para combater a força com outo tipo e qualidade de força" (BUTLER, 2019, p.93). Exatamente por causa disso, a folia e festa exacerbam a política em sua performance.

Citando um bloco específico, Flávia Magalhães Barroso (2018) comenta, por exemplo, a presença da luta das mulheres no Carnaval de rua, onde "é possível notar também a abordagem da liberdade do corpo feminino, onde muitas foliãs circulam sem blusa e dentro do próprio grupo articulam-se movimento" (BARROSO, 2018, p. 162). A autora destaca ainda campanhas contra assédio nos próprios blocos, incluindo a do "Não é não": projeto de um coletivo feminista carioca que se tornou bastante conhecido nos Carnavais ao redor do país.

Em alguns momentos em que blocos ficavam conhecidos e acusações de assédio por parte de alguns musicistas homens de alguns desses grupos, passava a ser cada vez mais intensa uma resposta a isso por parte de uma militância feminista que sempre esteve nas ruas. Aguçava-se assim, portanto, um protagonismo que já existia entre as próprias mulheres musicistas, pernaltas, produtoras, ambulantes ou foliãs em ações de combate ao machismo nos blocos e espaços públicos.

Para além disso, nos coletivos de música de rua a pauta também esteve cada vez mais presente. A cantora Doralyce, por exemplo, fez diversas vezes suas falas e participações em shows nas ruas abordando o tema. A mesma cantora, também por diversas vezes, também esteve presente na roda do Samba Independente dos Bons Costumes e fez referências feministas em suas participações. Cantando junto de um grupo majoritariamente composto por músicos homens, as pautas feministas na voz da artista reverberavam.

A artista, que é parceira de vários blocos, é inclusive coautora da versão feminista da canção "Mulheres", de Martinho da Vila. A música foi popularizada nas apresentações da roda feminina do Samba que Elas Querem, ganhou as ruas e viralizou nas redes sociais na segunda metade da década.

Também a partir de um recorte feminista, muitos blocos subverteram concursos de "Musa do Carnaval" organizados pela imprensa. Nesse sentido, por meio de foliãs e participantes dos blocos, questionavam a ideia da beleza de corpos magros e hegemônicos.

É claro toda a discussão feminista inserida no Carnaval é ampla e envolve militância, trabalho de base e múltiplas frentes de protagonismo, mas é interessante perceber como por meio de festas de rua semanais em ligação com este Carnaval aqui trabalhado, mais pessoas iam tendo contato com determinadas pautas e mensagens políticas. Repetir incessantemente, até que mais gente escute, reflita e assimile.

A própria questão do feminismo, afinal, já era repetidamente discutida nos blocos de rua há anos na cidade e foi crescendo ao longo da década. Dias (2017) apresenta o protagonismo feminino entre as instrumentistas de blocos de rua e fanfarras. No início dos anos 2010, grupos como Mulheres Rodadas, Mulheres de Chico e Damas de Ferro já se apresentavam nas ruas com temáticas do gênero. No final da década, outro grupo denominado Crack das Minas também chegou a cortejar na rua. No Boto Marinho de 2020, usando um paralelo com a própria mitologia do Boto, foliãs fizeram suas críticas à cultura do estupro.

Entre as praças apresentadas aqui, é interessante perceber também o quanto manifestações festivas em temática feminista diversas vezes também se apropriam desses espaços. Tanto Eduardo Paes quanto Marcelo Crivella por algumas vezes já tiveram declarações ofensivas ou misóginas.

As respostas vieram nas ruas. Um dos blocos aqui trabalhados, o TRANSPIRA, como comentado anteriormente, já fez seu cortejo entre o corredor do Boulevard entre áreas de militares e cruzeiros turísticos, entoando alguns discursos em tom enfático contrário à cultura do estupro, assédio, objetificação da mulher e controle dos corpos. O grupo também já promoveu beijaços e distribuição de panfletos sobre sexo oral feminino entre suas apresentações que contam com um duo de DJs mulheres que também faz referência às bandeiras LGBT+.

Na mesma região, próxima à Praça Mauá, o bloco Bloconcé, também já realizou seus cortejos. Em referência à diva pop dos EUA, festejou reverberando o protagonismo feminino. Em suas redes sociais, o grupo se diz "Um bloco de Carnaval 100% feminino. Feito por mulheres, para todxs!".[42] Diferentemente do TRANSPIRA que conta entre seu time de protagonistas duas jovens DJs brancas, no Bloconcé, percebemos certo protagonismo de mulheres negras entre suas pernaltas, instrumentistas ou dançarinas.

Não por acaso, as questões raciais também tem sido um importante tema de discussão entre os blocos conforme os mesmos se popularizaram na cidade e passaram a atrair maior atenção. Assim como nas reformas olímpicas, uma forte militância do movimento negro pautou

---

42 Disponível em: instagram.com/obloconce / Acesso em: 20 dez. 2019

o debate de parte do projeto de modernização do Porto Maravilha, no Carnaval de rua que ocupa várias das praças reformadas e torna-se cada vez mais conhecido, também há um amplo debate acerca do tema.

Ainda atingindo um público majoritariamente branco, esse Carnaval, mesmo que abrace múltiplas bandeiras identitárias e progressistas, é criticado por alguns apagamentos como os que já havia notificado o Viemos do Egyto em sua nota oficial. Foi também por essa razão que a dupla de produtores Leonardo Gonzaga e Thales Mulatu, em 2019, decidiu constituir o projeto Quilombike, que começou a partir do bloco Afrofuturista e em seguida deu origem a festa Quilombaile.

Utilizando um formato de bicicletas sonoras que se tornou comum na cidade, o grupo passou a ocupar as ruas. Destaca-se que nos últimos anos esses blocos aqui citados pela pesquisa têm movimentado público composto majoritariamente por pessoas brancas – como tem acontecido com o próprio TRANSPIRA ou Minha Luz é de Led. Também por isso, os amigos decidiram começar o projeto exatamente pensando nesta necessidade.

> O Quilombike é um sistema de som que surgiu da percepção de uma demanda por existir uma bicicleta sonora com temática afro, oriunda de dois DJs pretos. Na ocasião, através dela nós criamos o bloco Afrofuturista, também para atender esta demanda. Inicialmente o bloco contava com a mobilidade, acontecia andando. Depois reparamos que há a possibilidade de ela funcionar também parada. Da bicicleta fizemos a festa Quilombaile, com a presença de outros DJs pretos. (Leonardo Gonzaga, um dos idealizadores da Quilombike)[43]

Meses depois do depoimento dado a esta pesquisa, Léo Gonzaga, amigo de longa data em ocupações culturais nas ruas, denunciou um caso de agressão por parte de uma jovem branca alcoolizada num bloco onde trabalhava no final do Carnaval 2020. Justamente para combater situações de racismo, projetos como a Quilombike e o bloco Afrofuturista apareceram.

Em suas derivas, também por meio da festa Quilombaile, o grupo circulou por alguns dos espaços reformados do Rio pós-olímpico, incluindo a própria Praça Mauá vizinha à Pequena África. É importante perceber que a bike possui o mesmo sistema tecnológico e alternativo utilizado, por exemplo, em cortejos produzidos por marcas que querem se aproximar da materialidade e estética das ruas.

---

43 Entrevista de Leonardo Gonzaga para esta pesquisa, concebida em dezembro de 2019.

Ao trabalharmos essa perspectiva do consumo e da ética entre seus sujeitos, percebe-se como através do Carnaval e da festa na rua, até mesmo empresas de roupas normalmente compradas por um público majoritariamente branco se inserem nas ruas interessadas na popularidade dos cortejos. Simultaneamente a isso e utilizando do mesmo sistema de som, um grupo de jovens negros ocupa exatamente algumas regiões do Porto Maravilha – carregado de ancestralidade – para produzir suas ocupações festivas que reivindicam representatividade e protagonismos.

Nesse sentido, é interessante pensar na popularização deste Carnaval de rua e do quanto diferentes iniciativas e grupos revelam seus esforços nas ruas para que a ampliação dessa visibilidade da festa esteja diretamente atrelada a dos corpos que naquelas manifestações culturais protagonizam.

Ainda acerca das discussões étnico-raciais, em 2019 surgiu um projeto criado e roteirizado por Nina Tauile. No filme, intitulado "CAIXA PRETA: *Racismo no Carnaval de rua do Rio de Janeiro*, alguns episódios envolvendo esses processos de injúria e apagamento mesmos nas festas com temática progressista ou subversiva também são apresentados.

Foi também por essa mesma luta política que surgiu o bloco Malunguetú, que também já fez parceria com o Quilombike e propõe "movimentar e escurecer mais ainda as ruas do Rio de Janeiro durante o Carnaval e tomar de volta o que sempre foi nosso: o protagonismo no Carnaval de rua".[44] Ocupando algumas áreas aqui estudadas, como a Praça XV e Marechal Âncora, o grupo executa performances que condenam o genocídio nas favelas e relembram o nefasto passado carioca com a escravidão.

É interessante lembrar, como apresenta Simas, que no período de mais de 300 anos de escravidão negra no Ocidente, "uma em cada cinco pessoas escravizadas no mundo colocou os pés no chão da Guanabara" (2018, p.12). O mesmo autor, critica certa perspectiva do consumo imagético no Carnaval, ao dizer que existe "um tal de dizer "onde estou", "qual é minha fantasia", "olhem como estou me divertindo", "que foto bacana". (SIMAS, 2019, p.106).

---

44 Malunguetú em dedicatória de evento em suas redes sociais. Disponível em: https://web.facebook.com/events/616357875565620/ Acesso em: 14 dez. 2019.

Apesar de concordar, reitero também a importância de olhar para as redes e novos modos de brincar a festa, com outras estéticas e modos de agir, também do ponto de vista de subversão. Grupos que ali são mais vistos e que se inserem nisso para fazer suas políticas visuais. Reiteram, assim, o potencial performativo e subversivo da celebração momesca ou festiva nas ruas. Afinal ela sempre deve, inclusive considerando a perspectiva do consumo e os usos de novos meios, servir para ajudar a incorporar essa potência política que retoma as origens dessa cidade.

Junto da maior visibilidade, das fotos, das redes, dos flashes, dos *stylist,* dos *instagramers,* dos *influencers*, dos "mimos", dos modismos, das marcas e de todas as novas discussões polêmicas acerca da popularização do Carnaval de rua enquanto tema da moda, existe uma *enorme potência de construção política* que nessa mesma festa já se estabelece a partir dela vista e mais disputada.

Muitos criticam a popularidade da festa em tempos recentes como apenas uma nova passarela de moda, mas para quem insiste de perto em enxergar sua subversão e política, pode percebê-la também como potência comunicativa de assembleia para muitos sujeitos que a disputam. Entre a oportunidade da popularização e visibilidade, portanto, se estabelece uma arena de visibilidades em disputa, ascensão e reafirmação de seus lugares.

Judith Butler aproxima a perspectiva política do ato da performance, que na temática das festas de rua, muito pode ser incorporada. Afinal, como a autora relembra **"não somos fenômenos visuais apenas para os outros** – nossas vozes precisam ser registradas, e então, precisamos ser ouvidos" (2018, p.85) e a mesma autora prossegue enfatizando que "a persistência do corpo em sua exposição coloca essa legitimidade em questão e o faz precisamente por meio de uma performatividade específica do corpo." (2018, p.87).

 A partir de suas discussões levantadas, é possível compreender o quanto essa superexposição também pode ser carregada de política, disputas e visibilidades. As mesmas são tão ou mais possíveis quando esses corpos reivindicam seus lugares inseridos diante da cidade que os cerca e os reverbera, exatamente para alterar uma ordem vigente. Grada Kilomba (2019) apresenta a possibilidade de indivíduos tradicionalmente representados por outras pessoas, subverterem esses papéis a narrarem suas próprias histórias e se reafirmarem como sujeitos dela. Num Rio de Janeiro de múltiplas imagens distorcidas sobre si, o Carnaval de algum modo possibilita esse tipo de movimento e subversão.

OS BLOCOS DAS MARCAS, AS OCUPAÇÕES E O CORPO (IN)VISÍVEL DA CIDADE

 Ao tratar dessa relação de sujeitos visíveis na metrópole que fazem da festa uma ferramenta de performance e política, é interessante pensar na própria ideia do Rio de Janeiro enquanto um corpo visual. Entretanto, proponho fazer isso de um jeito inusitado, com um tipo de ocupação festiva que inicialmente torci o nariz e depois fui compreendendo melhor sua complexidade. Tratando-se aqui de uma pesquisa do campo da Comunicação Social, falo do corpo das ruas do Rio a partir também da perspectiva das marcas e dos blocos ocasionalmente produzidos por elas. Inclusive para compreender como os grupos de artistas carnavalescos se relacionam com essas instituições como táticas de sobrevivência.

Sim, apesar do movimento espontâneo ter vindo majoritariamente de uma juventude que ocupava as ruas da cidade, muitas empresas também passaram a se interessar pelo Carnaval de rua e a fazer cortejos ou intervenções. Inicialmente, olhava para tudo isso com antipatia, entendendo estarem se apropriando de uma potencialidade da rua. Tempos depois, fui percebendo a capacidade de subversão visual da paisagem do Rio de Janeiro que esse processo pode ter de alguma forma. A cidade clichê da praia ou do Cristo de braços abertos poderia encontrar e dar lugar a uma nova estética trazida pela rua e experimentada por outros agentes de comunicação.

O primeiro exemplo que apresento veio de Paquetá. Como vimos, o pacato território no meio de uma baía poluída havia sido "redescoberto" por uma juventude festiva ao longo dos anos 2010. Empurrões, caos, multidão. O Carnaval saindo da Praça XV até a pequena ilha já havia se tornado gigante quando me dei conta de um fato curioso. Em 2018, descobri por meio de uma amiga que enquanto nós, "meros mortais", aguardávamos em filas apertadas das barcas o transporte até lá, uma grande empresa de biquínis havia enviado um barco exclusivo de modelos à ilha para fazer fotos e *stories* do Instagram do evento e das roupas em pleno bloco. Achei meio brega, mas era inevitável. O Carnaval, que em momento pré-olímpico era possivelmente espaço de respiro diante de toda a espetacularização da cidade, também já tinha se tornado gigante logo depois do final dos Jogos. As marcas sabiam disso.

Normalmente, quando jornalistas e acadêmicos se referem a esse tipo de Carnaval de rua, costumam utilizar o termo "não oficial" diante de sua recorrente não regulamentação em certificados e fuga das burocracias. Particularmente, como já comentei, na maioria das vezes que trato do tema prefiro fugir de tal termo que rechaça uma oficialidade. O fato se dá justamente por este princípio básico: a festa Pirata permanece potente e subversiva, mas já virou gigante, conhecidíssima, visível. Ocupa praças, atrai marcas, é até notícia na TV algumas vezes. O movimento é irreversível, já tem uma certa história construída, mas sobre ele há algumas transformações possíveis ligadas a essa perspectiva do consumo, especialmente se aproximarmos as discussões entre visibilidade e visualidade aos espaços e modos de vida da cidade. Qual imagem do Rio enxergamos quando pensamos nele próprio?

A cidade do litoral ou das praias lotadas é a mais conhecida mundo afora, mas ela não é a única por aqui. Na minha experiência pessoal, tendo crescido na Zona Norte com janela de frente para uma antiga fábrica de tecidos, a imagem do Rio ensolarado e de balneário era uma imagem distante. Percebendo também as próprias marcas e a rua, passei a notar que havia uma oportunidade de subversão dessa estética repetitiva exatamente pelo maior interesse nas calçadas, nos becos, nas ruas. Mostrar, através das próprias marcas, o valor da calçada, do beco, da ilha distante, do bairro fabril. Mostrar que o Rio de Janeiro vai além de imagens de praias e parques da Zona Sul.

Antes de tudo, para tratar dessas questões é necessário relembrar como a visibilidade, numa sociedade de múltiplas visualidades e imagens disputadas, se insere no âmbito do consumo. Nesse sentido, como apresenta Rocha, o "que é visível remete menos ao que se tornou imagem visual e mais àquela visualidade que, via jogo societal e estratégias comunicacionais, é reconhecida como dotada de valor de troca simbólico e de relevância comunicativa." (2006, p.10) Num mundo de visualidades disputadas, tornar-se visível é um grande desafio.

De outro trabalho da mesma autora, incorporo essa perspectiva de como o consumo pode ser disputado, especialmente quando a mesma reitera que o ato de consumir "é a posse de uma atitude de natureza quase metanarrativa. Consumir equivale, assim, a consumir um modo de consumir. Aí está a base de uma atitude de consumo que se possa considerar verdadeiramente cidadã ou minimamente responsável." (ROCHA, 2008, p.128).

Não é novidade que eventos produzidos por empresas busquem assimilar essa perspectiva do consumo e "é neste contexto que os eventos se confirmam como instrumentos de comunicação (e negócios) (RODRIGUES, 2016, p. 105). Nessa linha, podemos pensar que os mesmos também reproduzam visualidades e estéticas utilizando a cidade como esse jogo visual e comunicativo.

Blocos em cortejo revelam formas de consumir a cidade, incluindo sua forma e suas paisagens. Marcas produzindo eventos comunicam sobre versões da cidade por onde passam. Assim como há intensamente essa discussão acerca da representatividade de distintos grupos sociais dentro do mercado, exatamente por tratar-se aqui de uma pesquisa no campo da Comunicação Social, entendo também como interessante pensar na visibilidade dos espaços e das imagens que se tem da cidade a partir dessa relação entre as festas e o consumo.

A aproximação, por exemplo, de empresas especialmente do ramo têxtil da cultura feita na rua é um bom exemplo disso. Consumir como forma de comunicar a cidade, perceber e apresentar o que ela tem a dizer. Possivelmente também derrubando alguns estereótipos sobre a metrópole em questão entre suas ruas, praças, vielas etc. As recentes modificações do Rio de Janeiro foram enorme terreno para múltiplos conflitos de visibilidade e, naturalmente, os blocos das marcas se inserem nesse processo. É preciso falar deles para compreender algumas relações.

Para além do Carnaval, existiu na década também um amplo interesse visual de marcas nas estéticas e paisagens do Rio de Janeiro em pequenos eventos que reverberem uma ambiência descolada e independente, dialogando também com seus espaços. Flávia Magalhães Barroso (2018), por exemplo, apresenta a relação das *skateparties* com a territorialidade da Praça XV, inclusive em momento bem anterior aos megaeventos, com a consolidação de um movimento skatista e posteriormente festivo na região desde os anos 90. No local, por exemplo, é possível perceber como nos últimos anos o apoio e participação de marcas se aproximaram deste Rio de Janeiro em estética urbana, que valoriza seus espaços de trânsito e até cinzentos como percursos a serem desbravados por grupos juvenis.

Eventos de rua, paisagens, marcas e formas de viver a cidade, portanto, costumam ter relação estreita. Inclusive quebrando estereótipos específicos. Em 2018, em artigo escrito ao lado de Andressa Cabral Botelho, sinalizamos como, já em momento pós-olímpico, muitos eventos culturais trocavam imagens de uma cidade ensolarada e em teor de balneário por essa perspectiva mais acinzentada. Nesse processo, podemos perceber como, além dos blocos de rua, tornou-se recentemente no Rio de Janeiro uma tendência em aproximar-se de outras visibilidades da rua através da produção de eventos, bandas, blocos ou outras ferramentas do entretenimento.

> Observa-se, portanto, uma comunicação que substitui paisagens turísticas, a praia e o Rio de Janeiro tropical, já tido como clichê, e agora se aproxima de outros ritmos de vida e da estética do próprio subúrbio. Trens, pontes

e viadutos, concreto, grafites, festas "undergrounds" de rua e gambiarras também são observadas mais frequentemente nesta comunicação. (BELART; BOTELHO, 2018, p.8).

Na frase, nos referimos, entre outras marcas, à ocupação de algumas praças do Centro do Rio, já regularmente ocupadas por blocos Piratas, em algumas oportunidades sendo utilizadas como palcos para eventos da Rider, Budweiser ou Skol Beats junto de artistas independentes. Ao contrário da estética do Boulevard como corredor, a ambiência estabelecida nesses espaços era exatamente a partir da estética *underground* que reverbera exatamente tal essência pirata.

Seguindo esse movimento, paisagens cariocas com pouca visibilidade, como bancas de jornal, praças pouco visitadas, paredes e pontes passaram a ser vistas como espaços e ambientes visíveis e possíveis para abrigar manifestações culturais e polos de socialidade. Não mais apenas nos espaços onde a prefeitura indicou e "revitalizou", mas nos espaços específicos onde os blocos e grupos determinaram que deveriam ser vistos. Assim, algumas vezes paisagens específicas do Rio, entre ocupações e blocos e marcas, foram tornando-se mais representativas e visíveis para determinadas regiões. Alguns exemplos que veremos a seguir ilustram essa relação.

Conforme já constatava Cintia Sanmartin Fernandes (2013), a marca FARM, por exemplo, ainda em 2009 organizava eventos na Orla da Zona Sul com a temática da rua convidando coletivos independentes, como acontecia no Arpoador, visando um *lifestyle* carioca de praia e sol.

Como vimos, entretanto, o Rio é também muito cinzento, repleto de cicatrizes urbanas por onde o Carnaval passa. O caso da FARM é um interessante exemplo para reflexão acadêmica, quando por algumas vezes produziu seu próprio bloco, lidou com essa vertente de transformação estética da cidade.

Acima da região portuária e Baía de Guanabara, no Centro, localizam-se os bairros do Caju e São Cristóvão, onde fica a sede administrativa da própria FARM. O bairro é uma das rotas industriais que demarcava, no passado, o princípio do subúrbio carioca a partir da linha de trem. Essa interpretação mudou ao longo dos anos e São Cristóvão ainda pertence à Área de Planejamento da Prefeitura na Superintendência do Centro, mas o bairro esteve praticamente excluído das reformas Olímpicas, mesmo estando ao lado do porto.

Nesse cenário, ainda em meados da década, a empresa FARM já produzia o bloco "Meu Glorioso São Cristóvão", que passou a ocupar algumas vezes o bairro homônimo durante o período do pré-Carnaval. Tal produção, portanto, revela que a marca, atrelada também ao Carnaval, de algum modo tinha a Zona Norte como plataforma de comunicação, distanciando-se em algumas poucas ocasiões do Rio de Janeiro sempre ensolarado e paisagístico.

Ocupando ruas do bairro e também a Quinta da Boa Vista, enorme parque que abrigava a antiga residência da Família Imperial e Museu Nacional, a empresa contratou em algumas oportunidades os músicos de cortejos cariocas e fez a festa com seus parceiros e funcionários em tais ocasiões. São Cristóvão, cortado por viadutos e pela Linha Vermelha, aparecia como palco de cortejos de uma marca que anos antes apostava em cenários praianos.

O exemplo da FARM nesse bairro é tão ilustrativo, que inclusive oficinas musicais de formação chegaram a ser realizadas entre alguns musicistas de blocos carnavalescos e o *staff* da marca. Para além da imagem da cidade, destaca-se que os artistas usam esse processo de prestação de serviço como tática. Ao fazer uma oficina ou cortejo para uma marca, compensam fazendo vários outros de graça na rua tempos depois.

A marca Melissa é outro exemplo. A empresa que tradicionalmente utiliza uma estética também florida ou colorida e circula entre público majoritariamente da Zona Sul optou, em 2019, por produzir numa tradicional banca de Jornal no Centro, a Banca do André, seu bloco "Pirata" com apoio do Cortejo do bloco 442. O grupo, surgido pouco mais de um ano antes, já se constituía como um dos mais populares entre os tais blocos dessa nova geração da cidade. Não por acaso, a festa foi mais rápida do que durações regulares de cortejos e parecia muito mais focada em gerar conteúdos e fotos. Ainda assim, eram pelo menos imagens num Rio registrado em viela do Centro, a partir de uma banca de jornal que havia sido reinventada por coletivos de rua e que está bem distante da imagem da cidade ensolarada e tropical.

Como comentei, num primeiro momento, quando comecei a perceber a popularização de todo esse movimento, o estranhei demais. Naturalmente, por ser participante ativo e produtor de alguns eventos nas ruas, olhei desconfiado sobre tal relação mercadológica. Questionava, por exemplo, se as mesmas estariam se aproximando de uma estética e resistência constituída a duras penas nas ruas para, depois de cenário constituído e popularizado, o mesmo servir de plataforma a seus interesses específicos. Talvez seja, mas também vai além.

Futuramente, passei a perceber como parte do tal jogo visual da cidade, em que tais marcas, de algum modo, também poderiam ser usadas como catalizadoras de visibilidades a partir do que a cultura de rua produzia metrópole adentro. E de como os grupos se utilizavam disso para produzir novas potencialidades. Tornar o corpo da cidade mais visível, numa visibilidade que a própria cultura de rua não alcança sozinha. Mostrar a rua de um outro jeito para que o antigo clichê se dissolva.

Nesse caso, das marcas e os blocos, a partir da ação independente dos blocos já popularizadas em becos, praças e vielas, tais empresas percebiam a valorização de tais espaços como potencias comunicacionais. As festas, um pouco como fazem os grafites, enunciam marcas no corpo da cidade que podem ser, a partir do alcance das mesmas, valorizadas e almejadas por potências mercadológicas que poderiam compreender ali as novas formas de uso daqueles mesmos espaços. E acima de tudo, gerar outras formas de receita aos próprios músicos que tocam nas ruas.

A relação, obviamente, não é apenas espontânea. Os corpos e personagens ali inseridos tornam-se alvo de holofotes e fetiche, mas a partir disso, podem construir seus desdobramentos e subversões num alcance que os mesmos talvez não tivessem sozinhos. Rocha, preocupada exatamente com essa perspectiva da fetichização dos corpos nesse jogo desenfreado de imagens e consumo nas cidades, propõe uma aproximação entre ética e estética, constituindo politicidades (2012, p.139).

Nesse sentido, o corpo humano torna-se potente máquina de comunicação que, acima de tudo, nos anuncia sobre como olhar e ser visto em tal jogo visual tão intenso. Compreendendo que este corpo da cidade, mergulhado na vivência urbana e festiva é também constituído de pessoas, paisagens, cores, é possível perceber o mesmo como mais visível. A cidade pelos moradores, em que os próprios moradores apontam primeiro onde deve ser visto. Criando tensões, visibilidades e ataques visuais a ambientes específicos, os coletivos e grupos culturais podem construir novas formas de consumir a cidade. Assim, a partir das ocupações temporárias, construírem potentes laços de transformação acerca de imagens específicas no lugar de onde vivem. Reivindicar a cidade visualmente para desmontar o monopólio dos clichês sobre sua paisagem.

Apesar de todos esses processos gerados em dias de ruas cheias, cabe lembrar outro contexto. Afinal, foi recorrente a crítica de muitos produtores e músicos sobre o baixo suporte oferecido pela iniciativa privada aos artistas que ficaram sem fonte de renda com a impossibilidade da realização de eventos durante o isolamento social pela COVID-19 em 2020 e 2021, enquanto *e-commerces* de vendas de roupas continuavam vendendo e entregando em casa.

CAPÍTULO 7: AS TÁTICAS, APRENDIZADOS E INFORMALIDADES NUMA CIDADE PIRATA

NAVEGANDO NUM RIO PIRATA: O CORTEJO COMO MEIO DE TRANSPORTE

Muitas dessas situações festivas descritas ao longo deste livro tiveram um caráter especial e serviram de grande aprendizado para mim também por conta de suas relações com um momento particular de família. Quando eu produzia muitas festas no início da década, minha mãe esteve presente por algumas vezes nelas, mesmo que estivesse lutando contra uma doença terminal. Foi assim que ela pôde dançar pelas últimas vezes na vida.

Primeira artista que conheci, minha mãe era bailarina e coreógrafa. Ela chegou a trabalhar no Carnaval em algumas Escolas de Samba dos grupos de acesso. Anos depois, já doente, encontrava a rua como espaço de saúde mental em algumas fases de sua luta. Quando estava "bem" diante da doença sem cura que batalhava contra, dançava e se divertia indo algumas vezes nas festas que fazíamos. Aqueles acabaram sendo seus últimos anos e alguns de seus últimos passeios, sempre celebrando enquanto estava por aqui.

Na época, quando produzia os eventos nas ruas, eu não tinha muita noção de nada disso, mas hoje, depois da perda dela, vejo a grandiosidade daquilo tudo. Produzir nas ruas é também construir encontros, fazer pessoas se conhecerem e outras celebrarem estar vivas. Muitas vezes temos pouquíssima ideia do que um simples ato festivo pode representar a alguém.

Minha mãe e minha família de algum modo estiveram ligadas comigo através disso. Curiosamente, foi por intermédio dela que conheci o ato de circular pela cidade. Desde quando eu era muito criança, quando íamos ao Saara, ela me apresentava as belezas das ruas e a necessidade de se estar atento aos perigos da mesma.

Perdi minha mãe em 2016. Por acaso, também uma das últimas vezes em que saímos juntos para a rua foi a partir de uma situação envolvendo Carnaval e festas. Num dia, atrasado e acompanhado de um amigo, peguei carona com ela, que ia para outro destino próximo do nosso. Assim, junto do saxofonista Thales Browne, que na época morava perto de minha casa, seguimos para um evento que aconteceria na Lapa e minha mãe que já estava saindo muito pouco, nos "deu um bonde" para lá.[45] Poucas semanas depois, sua doença se agravou e ela começou a quase não sair mais de casa. Passados alguns meses, nos deixou por conta de derradeiras complicações de um câncer que lutava contra há cinco anos.

Durante todo aquele difícil ano, digerindo esse processo, me afastei por alguns meses da rua e das festas. Às vezes, em determinados momentos da vida, não faz tanto sentido toda essa euforia, confusão, catarse, militância, multidões. Nosso corpo e mente pedem alguns hiatos e desacelerações. Solicitam o silêncio. Por outro lado, é também pelo Carnaval, pela festa, pelos grupos e pela cidade que podemos nos reerguer. Recomeçar, de qualquer que seja o processo que tenhamos passado e assim voltar a sorrir diante da rua e com ajuda dela.

Maffesoli (2000), em seu clássico texto sobre neotribalismo, fala de uma perspectiva emocional do ser humano que se relaciona a partir do coletivo e da coletividade. A vida é muito potente quando estamos em grupo. Para mim, especialmente, isso tudo foi fundamental para me reerguer de todo aquele conturbado processo.

Por um acaso, meses depois da perda e exatamente a partir de um convite feito pelo Thales Browne, voltei a trabalhar numa produção e a me articular em rede depois desse tempo afastado e sem muita vontade de ir para a rua como comentei por alto em páginas anteriores. A ideia do retorno veio de um projeto coletivo e singelo: juntar diversos músicos, artistas de teatro, *videomarkers* e produtores para uma festa de aniversário do musicista. O evento, que aconteceu em 2016, era na rua e funcionaria em formato de financiamento coletivo para compra de seu novo sax.

A festa foi uma grande produção coletiva no Bar do Nanam (Beco das Artes), antigo BDP, que na época se popularizava a cada semana. Me lembro da sensação de ver de longe o colorido dos corpos dançando a música, as performances, os instrumentos e tanta gente conhecida junta. Me deu uma enorme sensação de orgulho por estar vivo e por voltar a ir para a rua. De ver várias pessoas em diferentes atribuições e funções, igualmente apaixonadas pelo espaço público.

---

45 Expressão carioca que significa dar carona ou levar um grupo de pessoas para algum lugar.

Alguns dias depois, ao lado Thales e do documentarista Fausto Motta, preparamos um vídeo para seguir com o *crowdfunding* para a compra do novo sax ao musicista: instrumento que ajudou Thales a embalar centenas de cortejos nas ruas cariocas nos anos seguintes. Fausto, presente conosco, havia sido um dos diretores do filme *Domínio Público*, lançado pouco tempo antes e que denunciava os abusos de poder nas reformas para a Copa e os Jogos Olímpicos. O conheci também num evento de rua, no Buraco do Lume, outro local corriqueiro de passagem de alguns cortejos e festividades.

Além de nós, se articulavam nas ruas várias outras pessoas conhecidas e outras que não cheguei a conhecer, mas estiveram próximas em ações coletivas. Todos em paixão pela rua e em pequenas atitudes das mais variadas formas: de alguma maneira tentando enaltecer o espaço público como espaço de vida. Cada um contribuía da maneira que podia e éramos todos, afinal, uma grande rede de ação que se interessava em ocupar as praças e questionar uma cidade de muita especulação imobiliária e incertezas.

Todas essas situações reunidas me fazem lembrar do quanto a vida na cidade é também uma questão de enquadramento de olhar. Escolher a maneira e o cotidiano que vamos encontrar quando caminhamos nas ruas. Os quadros políticos, quem assumia o poder, o momento pessoal de vida de cada um: todas essas situações podem ser subvertidas através do encontro e da possibilidade que a rua oferece de reinventar processos e percursos. Aceitar o imprevisível da cidade.

Como já destaquei inicialmente neste presente e emocionado relato a respeito de uma cidade vivida, tento rechaçar a ingenuidade e binarismo de entender que – se projetado a partir de uma ideia programada – o espaço do Boulevard Olímpico, as áreas reformadas do Centro e suas proximidades podem também reverberar muitas potências a serem subvertidas. A cidade que te surpreende. O cortejo como modo de te levar a circular por ela de carona.

Anna Carolina Magalhães, produtora de teatro da Cia Ensaio Aberto, que tem sua base num dos galpões do Boulevard Olímpico (Armazém da Utopia), relembra bem-humorada que várias vezes precisou negociar com músicos, blocos e foliões que deixassem sua varanda em período de trabalho. Nesse mesmo sentido, também ali na vizinhança resistem e reinventam as festas e cortejos habitando e constituindo espaços de vida e potência pelas ruas, modificando também seus formatos.

Diante das crianças brincando nas saídas do AquaRio, dos personagens de desenho que posam para fotos, dos vários eventos temporários que aterrissam por lá ou entre pessoas andando de bicicletas, mergulham essas festas em sua variedade estética e múltipla. E se juntam e se reinventam pela cidade acompanhando um movimento que já crescia. A cidade é uma obra inacabada, a festa um pincel que a colore conforme circula sobre sua paisagem. Pode ter vários traçados, cores, caras. Uma variedade que nunca cessa.

A maneira de produzir vai mudando. Se no início dos anos 2010 era comum existirem muitos projetos musicais carnavalescos com homenagem a bandas e cantores consagrados que tocavam parados, o desenrolar do período se destacou por essa expansão das fronteiras entre os formatos e caras que um cortejo assume. No lugar de blocos parados do Cazuza, Michael Jackson, Mamonas Assassinas ou Raul Seixas que faziam muito sucesso no começo da década, cortejos anônimos em movimentações errantes pelo Rio se popularizaram cada vez mais. Depois de várias discussões sobre direito à cidade, apareceram mais constantemente as questões raciais ou de gênero que comentei anteriormente. A linguagem foi mudando, se expandindo e incorporando também mais ideia da errância. A rua se adapta.

Para além dos já tradicionais pernaltas, as bicicletas sonoras, os blocos pop, eletrônico ou funk e muitas outras referências móveis passaram mais frequentemente a fazer parte de algumas dessas manifestações festivas. Como vimos várias vezes, não há limite para as reinvenções e modos de ocupar.

Nos cortejos do Studio 69, por exemplo, a disco music era a essência, gênero popular em noitadas dos anos 80 que era ali evocado. Nas errâncias desse grupo, muitos de seus membros usavam também patins para circular durante o bloco ao ar livre. Enquanto a banda tocava, as rodas do calçado deslizavam num ato de brincar e deslizar na cidade ao som da música. A reinvenção estética, portanto, estava no tipo de música, mas também no movimento brincante e errante.

Junto de vendedores ambulantes com sua tecnologia do uso de rodas nas vendas, a temática de circular errante pela cidade passou a ser muito explorada no Carnaval e em festas da década, como inclusive vimos em capítulos anteriores. Como comentei, é interessante perceber como essa potência errante é extremamente uma característica verdadeiramente criativa do Rio, muitas vezes pouco reparada ou valorizada. Muitas das festas tratadas aqui dialogam com a ideia do devir, da passagem. A virtude de caminhar na cidade sem medo dela, construindo mapas mentais, paisagens, passagens e processos.

O ato da caminhada, portanto, talvez seja uma das práticas mais subversivas que o Carnaval e a festas de rua no Rio nos oferecem. Numa cidade com cada vez mais dificuldade de encarar a rua pelo senso comum, simplesmente andar por ela acaba se tornando uma prática de muita potência. Com cada vez mais bairros não caminháveis crescendo no Rio, andar em festa é um ato revolucionário. E ninguém olha para um lugar da mesma forma depois de passar caminhando por ele em cortejo. É um pleno exercício de construção de memória e afetos.

A festa, quando móvel, acaba se tornando uma experiência estética muito particular e poderosa. Como cheguei a comentar, alguns autores trabalham exatamente com essa ideia entre a caminhada e a nossa subjetividade, especialmente Francesco Careri. O urbanista italiano fala do ato da caminhada diante de uma cidade "lúdica e espontânea". O autor, relembrando o pensamento situacionista que exaltava o devir urbano, relembra que o mesmo apresentava a possibilidade de contestar a ideia de bem-estar "que se traduzia na construção de casas de conforto e na organização da mobilidade" (CARERI, 2012, p.98). Assim, relembra a necessidade de construir-se aventuras pela cidade. Sentir o corpo em movimento. Nesse sentido, podemos entender a própria caminhada como uma navegação estética pelo Rio.

O corpo cansado, a visão da paisagem que se altera no movimento, o beijo, a conversa, o lugar em que se passa. Todas essas relações sensíveis são acionadas num exercício de reconhecer espaços, encontrar novas formas de percepção e sensibilidade que perpassa o momento da festa e em nossa cabeça permanece. Afinal, como disse, é possível olhar para um espaço da mesma forma depois de já ter estado nele em festa? Não é. Mais do que mudar a cidade, também mudamos a nós mesmos quando nela caminhamos em festa. Memórias afetivas, releituras visuais.

Os eventos e cortejos de rua, assim com as pessoas, são também as memórias que eles deixam em nós e na cidade. Um evento nunca acaba, a essência dele continua. Segue à deriva para que outras pessoas depois construam suas próprias festas e encontros com aquela mesma energia renovada que vai passando em cada geração.

A ocupação das ruas seria grafitar de forma efêmera e errante a cidade. Recriar relações, reinventar imagens. Pintar com o corpo espaços que foram construídos a outros fins enquanto a música toca. Quem passa pode nem notar no dia seguinte o que aconteceu por ali, mas quem fez parte jamais esquece. Uma espécie de lenda urbana que é vista e compreendida especialmente por quem vive. Um barco Pirata tem muito de mitologia, mistério e sedução. Navegar em festa na cidade é se apaixonar constantemente por ela. Nossa memória é um baú de afeto. A chave para abri-lo se redesenha conforme insistimos em circular na rua. O barulho e a imagem da festa são as melhores pistas que todo esse tesouro nos dá para seguir navegando por aqui.

A POLÊMICA DOS BLOCOS SEM NOME E AS TÁTICAS DE NAVEGAÇÃO

É claro que a circulação de grupos festivos na cidade estabelece suas controvérsias. Quando são blocos ou cortejos, o nome dos mesmos é uma dessas questões. A relação entre títulos e divulgação desses movimentos sempre foi conturbada. Há anos, desde que comecei a produzir na rua ou frequentar os Carnavais, escuto debates variados a respeito da ideia conflituosa de um cortejo ser ou não ser divulgado, ter ou não ter nome e os impactos disso tudo entre proibições, responsabilidades, elitismos etc. A realidade é bem mais complexa do que parece.

Numa cidade onde festas específicas foram ficando vez mais populares, é importante saber como muitos grupos lidam com popularidade, alvarás ou com as táticas para se esconder ou se revelar e lidar com a polícia e com incidentes diversos. Para isso, me permito voltar de novo para algumas histórias antigas que vivi na rua.

Depois de ter tido muito trabalho e dores de cabeça com alvarás para eventos, decidi chutar o balde em algumas ocasiões. Estas são ilustrativas para perceber algumas complexidades disso tudo. Em 2015, na Tijuca, produzi junto dos coletivos Rebuliço, Rádio Libertá e Faz na Praça, a edição de um cinema com música chamado Cine Xavier. A festa encerrava com show da banda paulista Francisco El Hombre, que na época tinha um pequeno público no Rio. Naquele período, tínhamos uma parceria com a Associação Comercial e Industrial do bairro, que costumava transmitir reinvindicações da juventude região aos órgãos competentes, fazendo uma espécie de papel mediador. Nada adiantou naquela noite.

O evento reuniu por volta de 150 pessoas e acabaria tranquilo antes das 22h quando três viaturas da Secretaria de Ordem Pública apareceram dizendo que nos tomariam materiais e que "fomos denunciados". Achei estranha a repressão para um evento pacato no qual até meu pai tinha estado presente, feito em horário de silêncio, com adesão dos moradores da área e com ajuda da associação do bairro (órgão da sociedade civil). Como não havia mais música tocando na hora que eles chegaram, fiz de conta que estava tudo certo e segui na desmontagem, escondendo a irritação.

Dias depois, fiquei sabendo que a Região Administrativa (órgão da Prefeitura) nos chamava de baderneiros, que praça não era lugar para aquele tipo de evento, entre outras barbaridades. Pois é. Um cinema de graça, com show também gratuito de uma banda que anos depois tornou-se referência nacional era visto como inimigo do bairro.

A verdade é que, naquela ocasião, não pedimos autorização de propósito. Estávamos cansados de embargos e complicações. Tínhamos conseguido fechar acordo com uma banda de fora da cidade para tocar na rua e sabíamos que o largo processo de autorizações da Prefeitura mesmo para eventos pequenos não durava menos de dois meses e normalmente era negado arbitrariamente. Estávamos cansados daquela situação. Fizemos a festa na marra, respeitando a lei do bom senso e a repressão veio em viaturas e ameaças.

Jhessica Reia (2017) apresenta as várias táticas e processos envolvendo repressões, alvarás e desvios que grupos incorporam na rua. Se alguém vai produzir algum tipo de evento cultural em espaços públicos do Rio de Janeiro, essas terminologias são uma realidade constante. Optar pela oficialidade ou assumir sua 'informalidade' são escolhas com consequências igualmente complexas.

Tempos antes, em meados de 2014, tinha se tornado muito comum que muitas festas, blocos e coletivos culturais também ocupassem a Praia Vermelha, na Zona Sul da cidade. Em várias noites, grupos como Bagunço e Os Siderais fizeram seus ataques pela região, que também era palco de alguns eventos organizados por alunos dos campus vizinhos da UniRio e UFRJ. A maioria desses eventos acontecia informalmente em acordo verbal com barraqueiros das praias da região que contatavam alguns vendedores. Os ambulantes apareciam e a festa estava armada à beira da areia e distante de vizinhos.

Acontece que num bairro tradicionalmente militar, as coisas não são tão simples. Como qualquer associação de moradores do Rio ou grupo de bairro, era comum que muitos deles descobrissem e ficassem incomodados com elas, que de fato deixavam muito lixo na área. Apesar da colaboração dos produtores com sacos de lixo, as imagens costumavam circular nos grupos de bairro pelas redes sociais. Numa dessas, a corda estourou.

Na época, eu organizava uma festa que tinha nascido itinerante e que foi por anos parte de meu sustento. Com tema de viagem, a ideia dela era circular por diferentes regiões da cidade e a mesma chegou a passar por bairros como Vargem Grande, Lapa, Catete, Vidigal ou Gamboa. Apesar de ser um evento fechado, decidimos fazer uma edição informal na rua abrindo mão de lucro, pois era aniversário do evento. A céu aberto, sem cobrar entrada como comemoração por um ano da festa e pela ideia de ocupar a rua, seria um evento singelo. A tradição da Praia Vermelha naquela época apareceu como possibilidade para abrigar a proposta.

A festa foi marcada de maneira informal, Pirata, com nome e marca divulgados pelo Facebook sem dizer exatamente muitos detalhes. Tínhamos certo público, contratamos alguns banheiros químicos e montaríamos um pequeno bar. A proporção do evento explodiu sem querer. Sem controle sobre a divulgação que viralizou, recebo um telefonema de um amigo no dia da festa avisando que nosso evento estava divulgando inclusive na TV de publicidade dos ônibus. Ficamos apavorados e confusos, afinal, era só uma pequena festa informal. Ilusão.

Depois de muita discussão, decidimos por manter a produção quando cerca de 1h antes da festa a mesma cena das viaturas que lidei no ano seguinte apareceu. Secretaria de Ordem Pública. Ameaça de multa, repressão. Evento cancelado antes de começar para evitar maiores complicações. O resultado não poderia ser pior. Mensagens do público me xingando dizendo que "perdeu a noite", que era irresponsabilidade etc. Uma cobrança legítima, mas também injusta do ponto de vista do perfil de ocupação cultural que iríamos fazer. Não achávamos que éramos um produto da noite de sexta; queríamos apenas botar o som na rua e ocupar a cidade de uma maneira ingênua que precisou amadurecer.

Lidar com eventos exige responsabilidade. Tirar gente de casa, preocupar-se com a segurança delas, conforto, integridade. É bem diferente produzir na rua ou produzir uma festa fechada e cobrada, mas há relações que são parecidas e é bom que isso exista. Acontece que uma condição talvez transforme tudo isso: o anonimato e a ideia do movimento errante. Festas com pontos fixos são alvos fáceis da repressão. Cortejos nem tanto.

A tônica dos anos 2010 passou por isso. Prevista no Planejamento Estratégico da Prefeitura,[46] que preparava a cidade para a Rio-2016, a chamada operação Choque de Ordem, aliada à atuação da Secretaria de Ordem Pública, também impunha maior fiscalização e controle na cidade desde os primeiros anos da década. A mesma perdeu a força, mas deu lugar a um controle também cada vez mais policialesco do Segurança Presente. Enquanto grandes produções normalmente eram organizadas na Zona Sul e Orla, muitas ocupações sem estrutura e espontâneas acabavam mal compreendidas. Aliadas a isso, nota-se também no final da década um avanço da atuação direta da Polícia Militar diante de cortejos de rua. A tática para escapar seria o drible e o movimento.

Muita gente percebeu isso. Inspirados também pela tática do próprio Boitolo e pela estratégia de confundir, se dividir e driblar a cidade, muitos grupos passaram a mudar o modelo de ocupação nas ruas. Marcar uma festa com nome, arte e produtores fechados tem um modelo de funcionamento. Um bloco errante de múltiplos produtores, diferentes musicistas e diferentes pontos de circulação é algo bem mais orgânico. Flui errante pela cidade, integra a paisagem como parte dele.

Certa vez, atrasado, peguei um taxi de uma das boiadas do Boitolo a outra porque precisava encontrar meu irmão depressa. Em 15 minutos de conversa com a motorista do carro, não consegui explicar como todos os blocos fossem um mesmo bloco e que tudo fosse uma coisa só. A verdade é que a rua, quando acontece de forma móvel, horizontaliza algumas relações. Músicos, foliões, "local de evento". Somos todos tudo isso. Circulamos a cidade, mudamos de posição.

É claro que nada disso tira a responsabilidade de grupos envolvidos com a organização de cada um de seus movimentos, mas a festa se coletiviza de uma maneira muito mais intensa. Necessária para driblar as autoridades, mas também para o público se entender como parte

---

46 "Pós 2016: O Rio mais integrado e competitivo". Planejamento Estratégico da Prefeitura do Rio de Janeiro, 2009-2012. Disponível em:<http://www.rio.rj.gov.br/dlstatic/10112/6616925/4178940/planejamento_estrategico_site_01.pdf>. Acesso em: 2 ago. 2019.

dos projetos e das festas que faz parte. Na rua, não há clientes. Somos a festa, produzimos e participamos dela também. Mas é claro que também há problemas nisso.

Outro caso ilustrativo a todo esse tipo de situação aconteceu no Cortejo dos Signos, que por dois anos ocupou madrugadas do Centro, porém, depois de casos de assaltos nos arredores do evento, decidiu interromper suas saídas. O grupo era uma reunião de jovens músicos com amigos que prestavam suporte na produção. A festividade ocorria de forma espontânea – quem chegasse tocava. A festa passou a lotar e atraiu alguns roubos. Na internet, pipocavam mensagens com alguns discursos exaltados demais de reclamação e cobrança por parte do público. De fato, o perigo existe e a responsabilidade com a rua também, mas como cobrar um grupo de músicos que simplesmente está tocando na rua?

Infelizmente, ninguém controla o que um espaço público produz. O grupo, rechaçando discursos de ódio, mas preocupado com integridade dos membros, decidiu interromper suas saídas numa decisão que considerei correta. Já fui assaltado em bloco, entendo a necessidade do patrulhamento e atenção, mas é necessário ver até onde de fato vale a pena aquele movimento seguir, de acordo com o que ele tem provocado e principalmente sobre qual mensagem que o público assimila do mesmo. Será que todos que participam de uma ocupação de rua têm o mesmo propósito quando fazem parte dela? Provavelmente não. Na rua a diferença é a tônica.

Certeau (1994) compreende as *táticas* como propostas desviacionistas, que lidam exatamente com a ideia do imprevisível. Nesse sentido, diferente das estratégias, elas permitem uma potência inventiva múltipla. É interessante perceber como, diante da cidade controlada e vigiada, as ocupações festivas que acontecem em movimento também atuem por meio de suas táticas desviantes. Isso não significa não ter responsabilidade, mas poder exatamente compreender os múltiplos perigos e problemáticas e adaptar-se a elas, inclusive para deixar de existir, deixar de ter nome ou simplesmente assumir sua oficialidade.

Muitos blocos, nesse percurso, decidiram sair sem nome. Outros escolheram caminhos opostos. No começo da década, muitos cortejos que assumiram oficialidade e roteiro optaram também por isso pela segurança de suas ações. Apoio dos produtores e roteiro.

O Planta na Mente, que desde 2011 levanta a bandeira da legalização da maconha, assumiu seu nome, horário e local de saída desde sempre. Em 2012, o grupo recebeu alvará de funcionamento, o que, nesse caso, também impede ao próprio bloco de sofrer uma repressão muito óbvia tratando-se de uma cidade de alas reacionárias e com caretas no poder. Afinal, no início da década, muitos incidentes complexos e repressivos envolvendo a Marcha da Maconha se estabeleceram pelas ruas do Rio, inclusive com prisões de alguns membros. Planta na Mente, portanto, ao assumir sua "oficialidade", também pratica sua tática.

Em outro caminho, muitos blocos optaram pela não divulgação para se proteger, desviar da polícia ou até mesmo driblar o público. Por esta mesma razão, em entrevista como pesquisador ao G1,[47] quando me perguntaram a respeito da quantidade de blocos que existiam no Rio de Janeiro em dias atuais, especialmente os que são chamados de "não oficiais", respondi que era um número impossível de ser definido.

Dividem-se no meio, mudam de nomes. Por outro lado, os boatos correm, mas nem todos tem tempo de chegar neles. Não há formula certa. É necessário ressaltar que numa cidade de distancias longas, a tática desviacionista também provoca uma *exclusão,* afinal, não é qualquer um vivendo longe do Centro que pode descobrir informações de um cortejo meia hora antes de ele acontecer. Destaca-se também como dentro dos próprios blocos há muitas pessoas oriundas de espaços diversificados da cidade e que promovem discussões e apontamentos que modificam percursos e trajetos de algumas produções, incluindo o estímulo para rotas ou até mesmo novos cortejos surgindo em áreas que não sejam no Centro nem Zona Sul.

Junto disso, percebe-se também um esforço cada vez mais policialesco e utópico das autoridades em catalogar uma experiência secular no Rio, que é simplesmente curtir a rua de forma festiva e errante. Multas, fiscais e viaturas infelizmente ainda fazem parte da rotina de reuniões pelas ruas que trabalham por se esquivar disso.

Numa cidade que se lançava como marca, curiosamente muitos grupos optaram exatamente por "eliminar" sua principal característica de marca que seria, afinal, seu nome. Não ter nome, dizer que não é

---

47 "Com seis vezes mais turistas, Carnaval de rua do Rio explodiu nas últimas décadas", matéria do G1 publicada em fevereiro de 2020, disponível em: https://g1.globo.com/rj/rio-de-janeiro/carnaval/2020/noticia/2020/02/21/com-seis-vezes-mais-turistas-carnaval-de-rua-do-rio-explodiu-nas-ultimas-decadas.ghtml

bloco, mudar o roteiro e proposta de circulação. Assim, a fiscalização é driblada e se perde no caminho. Controverso, polêmico, mas quem multa o bloco que "não existe"?

Os eventos parados não têm a mesma sorte. Ainda que também criem outras relações. Exatamente por isso, depois da Festa TRIP da Praia Vermelha que comentei, decidimos insistir na rua e voltar ao Centro histórico da cidade noite adentro. Assim, em outubro de 2014 ocupamos a região do Arco do Teles, que já havia recebido um evento carnavalesco do Digital Dubs. A partir da TRIP no formato que fizemos, diversas outras festividades passaram a ocorrer naquela região pelos próximos três ou quatro anos com apoio do Polo Gastronômico da área, também sem alvará formal, mas com apoio institucional do comércio. Desse modo, querendo ou não, de uma força reguladora surgiu uma tática de reinvenção que desafiava a cidade "das marcas" em sua vizinhança.

Querendo ou não, a situação de blocos terem ou não terem nomes também faz parte disso. Tática. Numa espécie de briga de gato e rato, diferentes são as articulações e táticas para propor uma subversão e manter a rua cheia. Se depender da maioria das autoridades, é melhor que esteja vazia e que se venda medo e a violência como política de repressão. Olhar para a rua cheia possivelmente como baderna e confusão. Para a festa não é assim.

Quando pensei nessa perspectiva Pirata para dar nome a este livro, refletia exatamente nessa relação dos enigmas, das pistas, da navegação pela cidade. Descobrir onde estava a festa e o cortejo, reinventar as rotas e caminhos. Apesar da mitologia, como falei, o Pirata também não deixa de ter suas vilanias, seus defeitos, suas falhas. Atacar e invadir um espaço é criar impacto nele. Vai ter gente irritada com os barulhos, gente injustiçada por não ter conseguido chegar ou não ter descoberto aquele processo. É preciso reconhecer, discutir o que vale ou não vale a pena. Ninguém está imune a suas contradições e falhas da rua. Junto disso, é exatamente de uma ideia Pirata e ambígua que autoridades e repressões são dribladas, subvertidas e confundidas.

Recordo-me especialmente no último domingo antes do Carnaval 2020, quando por volta de 20h, cerca 200 pessoas em pleno temporal no alto do Morro da Conceição cantavam em coro sem a presença de músicos na expectativa de que um bloco fosse acontecer por ali, para desespero dos militares do Exército que têm uma base na região.

Com a subida dos primeiros instrumentos, o tesouro da confirmação estava revelado. O bloco das Tubas ia sair dali e a festa estava confirmada em meio ao dilúvio: autoridade nenhuma ia controlar aquela catarse. Na ocasião, me lembro de um morador me indicar um terreno abandonado que poderia ser usado como lugar para fazer xixi. Avistado por um soldado que habitava a Fortaleza da Conceição – que fica em frente – fui recriminado por ele. Ali é um ponto histórico da cidade. Dentro dessa Fortaleza, fui descobrir depois, estão guardados alguns dos primeiros mapas e registros cartográficos do Brasil num período de formação do país e do Rio.

Curiosamente a tal Fortaleza da Conceição é um ponto de controle federal protegida por militares. Em 1967, o Instituto Histórico Geográfico Brasileiro publicou a versão traduzida[48] de um manuscrito francês que revelava a tentativa de tomada dessa mesma Fortaleza por invasores piratas franceses de 1711.

---

48 Documento do Instituto Histórico Geográfico Brasileiro, publicado em 1967. "A tomada do Rio de Janeiro em 1711 por Duguay-Troin". Disponível em: http://objdigital.bn.br/acervo_digital/div_obrasraras/or383579/or383579.pdf

No Portal MultiRio,[49] plataforma da Prefeitura da cidade ligada à educação interativa, por exemplo, podemos encontrar um breve descritivo a respeito da atividade pirata que rondava a área do Centro carioca desde o século XVI, amedrontando a Coroa Portuguesa. Essa relação de constante vigilância por natureza acaba também estimulando uma ambiência contrária – para funcionar nas brechas.

Assim, na prática, não importa se um grupo opta por ter nome, esconder o nome ou aceitar uma oficialização. Numa cidade que se abre aos cruzeiros turísticos e trata boa parte de sua população como clandestina, independente da forma, o que mais importa é manter o barco Pirata sonoro e errante, incansável, navegando por diferentes pontos da cidade para inverter suas próprias rotas e caminhos confundindo de maneiras distintas os bispos, militares, pastores e juízes que possam vir a proibir a rua.

CORPO MÍDIA: NAS RUAS COM UMA CÂMERA QUEBRADA E FILMANDO A FESTA

Entre as várias táticas e aprendizados que vi na rua com blocos e festas, talvez a mais valorosa delas seja exatamente a perspectiva de usar meu próprio corpo como ferramenta metodológica e experimental de conhecimento sobre elas. Para explicar isso, preciso comentar a relação entre festa, corpo e militâncias e ativismos nas ruas.

Ao longo das várias páginas deste livro, busco apresentar essas relações potentes entre a festa e a política. No que diz respeito à política institucional, entretanto, acho que ainda vai levar muito tempo para que consigamos compreender – diante da história – o que significou todo esse período entre 2010 a 2020. Na verdade, falo disso exatamente por conta de um exercício metodológico de viver a rua que conto a seguir.

No início da década – especialmente no famigerado ano de 2013 – eu costumava sair nas ruas nos atos políticos contrários à Copa do Mundo e aos Jogos Olímpicos como repórter de uma página jornalística independente acompanhado de uma *handycam* com a qual filmava os atos, a violência policial e as mensagens de direito à cidade ou contrárias às remoções das casas. A rua sempre produz suas arquiteturas e imagens particulares a partir da política e do corpo em espaço público, seja na festa ou num ato lotado.

---

49 "Piratas e Contrabandistas na Terra da América Portuguesa". Disponível em: http://multirio.rio.rj.gov.br/index.php/estude/historia-do-brasil/rio-de-janeiro/49-a--ba%C3%ADa-de-guanabara-ber%C3%A7o-da-cidade-do-rio-de-janeiro/2408-piratas-e-contrabandistas-nas-terras-da-america-portuguesa. Acesso em: 24 jul. 2019

Diferente do que aconteceu em outras cidades brasileiras, o ano de 2013, no Rio, ficou marcado por manifestações ativistas que não tinham somente a ver com as Jornadas de Junho. Com o caos das reformas olímpicas e pela Copa por toda a cidade, ao longo de todo o ano atos e manifestações aconteciam também atrelados aos megaeventos. Assim, muitos protestos ocorriam contra algumas remoções, como a favela do Metrô Mangueira, ao lado do Maracanã, Vila Autódromo, ao lado da UERJ, contra expulsão da população que vivia no Museu do Índio, contra a destruição de parte da reserva da Barra para construção do Golf Olímpico, entre outros atos.[50] Em alguns deles, estive lá com uma câmera amadora registrando.

No período dos protestos de 2013, portanto, eu tinha sido vivenciado de perto ou de longe um pouco dessa experiência visual e cinematográfica com a cidade ao longo do ano todo passando por alguns eventos. Ocupa Câmara, Ocupa Cabral, prisão do Rafael Braga, visita do Papa e tantos outros momentos intensos que a cidade viveu e que foram desaguar em outras experiências do Rio, como o próprio Ocupa Lapa. Nesse tempo posterior a 2013, muitos coletivos mudaram de modos de atuação e passaram a se debruçar pela produção cultural de shows e festas, como foi o meu caso. Mudar a mídia e ver a cidade como mídia também.

Na época, entretanto, ainda muito envolvido com iniciativas de comunicação na rede e com o trabalho que tinha feito filmando alguns atos, acabei participando, como jornalista, de um documentário exibido no Canal Brasil, dirigido por Ravy Aymara.[51] No trabalho, várias propostas de jornalismo independente eram apresentadas. O filme, portanto, reunia esses canais jornalísticos que cobriam as ruas e ia representando iniciativa de vários outros jovens que, como eu e meu antigo canal Escafandro,[52] filmávamos as ruas ocupadas por protestos.

Dentre a mais famosa dentre as iniciativas presentes nesse filme, estava a Mídia Ninja, iniciativa que começava naquele período e acabou se tornando nacionalmente uma espécie de símbolo estético do

---

50 No início da década, havia uma organização no Rio Chamada Comitê Popular da Copa e das Olimpíadas que discutia várias problemáticas urbanas do período.

51 Documentário *Com uma Câmera na mão e uma máscara de gás na cara*, de Ravi Aymara, 2013. Disponível em: https://www.youtube.com/watch?v=QLbEZbu24-I

52 Video-Reportagem *Não tinha ninguém com medo ali*, sobre os atos de 17/6/2013 na ALERJ, de Victor Belart e *Escafandro*. Disponível em: https://www.youtube.com/watch?v=8dwPtcCJpe4

streaming ao vivo nos atos de rua. Para além do coletivo Fora do Eixo – rede que hoje toca a Mídia Ninja –, um dos fundadores da Mídia Ninja e antigo porta-voz do coletivo em sua origem foi o jornalista independente Bruno Torturra.[53] Sobre essa proposta original da rede, "Narrativas Independentes Jornalismo e Ação", o mesmo costumava reforçar o sufixo "A" na última palavra do termo NINJA reiterando essa ideia de "ação".[54]

2013 passou, as ruas foram ficando cada vez mais esquisitas. Por outro lado, cada vez mais outras formas de política eram feitas nelas em lado oposto ao tão falado conservadorismo que emergia de outros grupos que apareciam da internet. Enquanto conservadores ganhavam espaço no Youtube, nas ruas do Rio, anonimamente, ocupações festivas com viés oposto se multiplicaram, como vimos várias vezes por aqui.

Anos mais tarde, já fazendo essa pesquisa e lembrando daquele tempo de tantos atos, fui jogando com essa relação interconectada entre a política, a imagem e a própria festa na rua. Lidando com esse interesse de me relacionar com as imagens produzidas por tais festas nos espaços que ocupam, decidi fazer uma experiência em alguns dos vários Carnavais vividos nesses anos.

Assim, acabei produzindo uma deriva visual do inventado "repórter folião ninja", que saía acompanhando estes ataques e *flash mobs* visuais de tais festas e cortejos. Criei, com isso, uma estratégia como fantasia e também armadura de pesquisa usando uma antiga câmera quebrada e colete jornalístico que me dava livre acesso entre as multidões e me liberava passagem para brincar a festa e registrá-la mentalmente por aqui. Vestido de repórter, portanto, circulava entre cordas de blocos, trepava em postes, driblava acessos para melhor registrar e contemplar visualmente a cidade enquanto caminhava por ela. Meu corpo entrelaçado ao da cidade, as multidões, fazendo de conta que ia filmar a rua.

Durante os vários anos em que fiz essa pesquisa, eu já costumava entrevistar muitas pessoas em tom de voz jornalístico, aproveitando do ambiente fantasioso e carnavalesco para unir pesquisa empírica e forma de brincar as festas e o Carnaval conforme perguntava a ambulantes, foliões e músicos sobre a noite, sobre as praças ocupadas e as

53 O Jornalista também respondia pela Mídia Ninja antes do grupo Fora do Eixo tornar-se a única instituição responsável pelo mesmo já em 2013.

54 Fala pública de Torturra no TEDx de 2014, de 7 ago. 2014. Disponível em: https://www.youtube.com/watch?v=2PlcMKNo_lU Acesso em: 11 dez. 2019

ambiências ali vividas. Num dado momento, então, segui acompanhado desse colete de imprensa e tal câmera quebrada que, na verdade, ia registrando apenas o que meu próprio olho via. Filmava a cidade com os olhos, entrevistava as pessoas e usava a câmera que não funcionava para brincar com isso.

Canevacci apresenta a metáfora do *dresscode* que no mundo da moda vai representar roupas e códigos ao mesmo tempo livres e específicos de grupos que se inserem em determinados espaços. Nos Carnavais de 2019 e 2020, portanto, montei no meu *dresscode* específico para circular a cidade. Nesse sentido, o tal *dresscode* de repórter se ressignificaria de acordo com o contexto temporário no qual aquela prática comunicacional se estabelece.

> O dresscode abre na direção das autorrepresentações de um sujeito que desafia toda identidade fixa, compacta, unitária, que brinca com ironia/paródia, com os estilos (étnico, dark, punk, fetiche, folk, cosmopolitas, etc), que hibridiza o corpo com opus que junta a pele, a objetivística, a cosmética, o design, o design, a sensorialidade, que dialoga, evoca, cita, veste, cria o espaço interior do que se move. (CANEVACCI, 2015, p.39).

Nesse sentido, fui então adquirindo o hábito de ir a alguns blocos de rua montado nesse *dresscode* de repórter que fazia na fantasia associação com a Mídia Ninja. Especialmente entre os dias do Carnaval de 2019 e 2020, como anunciado, me inseri de repórter folião Mídia Ninja no Centro e no porto podendo circular entre cordas de blocos, ser cumprimentado por "colegas" da imprensa, evocar sorrisos, entrevistas e gritos eufóricos de alegria com a mesma câmera que na verdade já estava quebrada desde os atos de 2013.

@victorbelart
kd a notícia????

Assim como eu olhava os corpos debruçados nas estátuas, os beijos, os porres, a catarse e euforia da festa, suas desigualdades, contradições e múltiplos processos que ali se apresentavam, as festas também olhavam meu corpo em minha fantasia e respondiam a esse jogo visual e sensível. Uma relação que Canevacci (2013) chama de *Eróptica e* que, portanto, me colocava num jogo visual com a cidade conforme por ela circulava em olhar vagante, boêmio e em ataque festivo. "É da Mídia Ninja mesmo??? Ô Ninja, filma aqui!", gritavam os foliões.

No *dresscode* inventado, eu me interessava por essa mesma ação e ataque visual dos grupos em relação a meu próprio corpo em diálogo com os mesmos, fazendo brincadeira e piada sobre onde aquela energia toda poderia ter desaguado. Assim, anos depois de toda a loucura de 2013, passei a mergulhar numa cidade que me dava passagem livre e que me olhava com códigos de imprensa, nas mesmas áreas onde a PM e Batalhão de Choque tinham nos limitado a passagem de manifestantes.

Muitos costumam acusar junho de 2013 como trampolim da vitória do conservadorismo no país, o que de fato pode ser verdade. Mas no Rio, quem permaneceu nas ruas após o período também reconhece a multiplicidade de histórias nada conservadoras e tantas outras práticas culturais e políticas que seguiam reinventando o espaço da cidade depois daquilo tudo em consonância ao que já acontecia culturalmente na cidade. É interessante pensar que nesse período, para além da tal fama dos "20 centavos", muitas reinvindicações das ruas eram, afinal, nesse âmbito da destruição paisagísticas de estádios, viadutos e outras questões urbanas. Anos depois, então, nas mesmas ruas onde bombas e correrias tinham se estabelecido, estava a festa e o Carnaval, ocupando a cidade com o corpo reinventando o sentido de praças criadas por todo aquele processo que nos incomodava.

Dessa vez, então, eu saía para filmar as escadarias da ALERJ, atrás da Praça XV, ocupada pela festa. Registrar entre os olhos o Boulevard, sua vizinhança, a Marechal Âncora num recorte frenético de corpo livre e solto por entre tantas praças, sorrisos, corpos, fantasias que eu ia encontrando, driblando, registrando em sequência. Registrar, portanto, o ato de "vagar", presente ao mesmo tempo nos trabalhos de Canevacci (2013-2015), Maffesoli (2001-2012), Fernandes e Herschmann

(2010-atualmente) e tantos outros pesquisadores que propõem o corpo errante à deriva que aqui se entende também entre os olhos em movimento numa cidade a ser vista e vivida. Um olhar vagante, portanto, de uma cidade pós-obras, de feridas abertas e possibilidades múltiplas, que um olho curioso contemplava e descobria.

Me recordo, do túnel do Boitolo adentrando Copacabana em 2019, quando entre acessos das multidões que interrompiam a via, eu passava entre o cordão de isolamento humano trajado de imprensa e correndo apontando a câmera para a multidão provocando uma "Ola"[55] semelhante à de estádios de futebol. A câmera, quebrada, era o artifício que provocava aqueles gestos dos outros corpos em relação com o meu, numa imagem que até hoje quem viveu me lembra quando encontra.

La Rocca (2018, p.162) apresenta uma solicitação visual constituída na vida urbana. Nessa perspectiva "estamos, então, imersos numa fase onde vários códigos visuais têm um impacto substancial em nossa sensorialidade urbana". Nesse sentido, podemos pensar em como as iniciativas festivas e efêmeras, assim como o ocupar cotidiano que vai percebendo os espaços da metrópole visualmente nos integra nessa experiência sensível de trocar olhares com a cidade.

Ao pensar exatamente na ideia da imagem, aproximo-me novamente a perspectiva Pirata de olhar ao redor, procurar, descobrir. Manter os olhos atentos a uma cidade reinventada. Encontrar a nova terra à vista para mergulhar e ocupar, mesmo que a mesma ali já tenha outras ocupações e práticas de vida. Compreendendo disparidades, diferenças e particularidades imersivas, é basicamente sobre uma navegação visual e festiva aos espaços entre as bordas do Boulevard, porto, Praça XV e Marechal Âncora que tratamos por aqui ao longo dos capítulos. A percepção da imagem festiva como forma de compreender uma sensibilidade da cidade.

Merleau-Ponty, em trabalho que induz ao movimento, afirma que "é oferecendo seu corpo ao mundo que o pintor transforma o mundo em pintura. E prossegue ao conceber que "meu corpo móvel conta com o mundo visível, faz parte dele, e por isso posso dirigi-lo no visível" (2012, p. 16). Nessa mesma linha, numa abordagem acerca do desenho urbano, Kevin Lynch (2011, p.134) reitera uma ideia de que um

---

55 Movimento no qual torcedores se levantam em sequência de maneira coreografada provocando um jogo corporal com a massa.

grande ambiente da cidade "pode ter uma forma sensível". No Rio, mergulhado com o corpo errante na rua, potencializam-se as pálpebras e os olhos, em novos modos de olhar, viver e sentir a cidade pela qual se vive e por onde se readapta, navega e se apaixona a cada dia.

CONSIDERAÇÕES QUASE FINAIS

Anos atrás, quando comecei esta pesquisa, achei que o primeiro título que esse trabalho fosse ter começaria com alguma frase tipo *"Ocupamos, e agora?"* Inicialmente, eu estava muito preocupado em compreender como uma geração que lutou pela cultura de rua na cidade poderia lidar com suas novas fases depois de tantos anos festejando nos espaços públicos. Queria, ingenuamente, entender aquele que seria "o futuro" da cultura de rua carioca.

Os novos desfechos da rua e da cidade, entretanto, foram desenvolvendo-se diante dos meus olhos conforme essa própria pesquisa se desenvolvia. Como comentei anteriormente, é curioso pensar nesse futuro e como foi o rumo tomado pelo país e pela minha cidade conforme o tempo foi passando. Durante os três anos dessa investigação nas ruas, lidamos no Rio sequencialmente com uma Intervenção Militar Federal na Segurança Pública, com multas para blocos de Carnaval, com a tomada do poder federal pela ultradireita, ampliação do poder bélico do governo do Estado, com uma pandemia etc. Um Rio de Janeiro em ciclos complexos, repleto de governadores presos e notícias que parecem ficcionais e que devem continuar acontecendo até bem depois deste livro ser impresso e publicado. Nesse sentido, entretanto, percebo que ao longo das várias páginas deste trabalho, uma condição que pode ser percebida é a capacidade de ver como que grupos culturais, independente de cenário, utilizam de seus esforços de maneira informal para estabelecerem suas sociabilidades e a reinventar esse espaço urbano.

Paola Jacques (2011), no prólogo da edição comemorativa de dez anos de seu *Estética da Ginga*, citado algumas vezes ao longo deste livro, faz um comentário que considero pertinente destacar aqui e acredito que tenha interconexões com as conclusões desta minha publicação. No trabalho, a autora pondera que o avançar do tempo a fez ter muitas novas considerações e revisões acerca de seu próprio trabalho, mas acima de tudo, destaca o que nele permanece. Ela comenta que um dos pontos que ali se mantém seria como uma cidade "opaca, intensa e viva que se insinua nas brechas, margens e desvios" (JACQUES, 2012, p.164). O que me conduz a afirmar que seja qual for o futuro, a cidade das brechas vai (re)existir.

Assim como diz a autora, é possível que muitos dos conceitos aqui levantados ao longo de minha pesquisa se transformem com o tempo, com as novas dinâmicas que o planeta assume etc. As pautas, as disputas e os imaginários da cidade possivelmente mudem. Mas tenho tranquilidade em cravar que uma cidade nas brechas sempre se levanta e navega nas entranhas de qualquer projeto preconcebido ou em qualquer contexto de metrópole. E que só é possível encontrar uma potência de uma cidade criativa se essa perspectiva for considerada.

Tratando dos dias de hoje, reconheço também a tensão e complexidade, por exemplo, de falar em Cidade Pirata ou nos conceitos dos Piratas aqui trabalhados numa metrópole com avançar das milícias e da informalidade, construindo suas opressões a partir dessa tradição informal no Rio. Se Jacques denunciava a "pacificação do espaço público pelo espetáculo" (2011, p.164), é notório como amplia-se hoje na cidade a partir da própria ideia Pirata uma outra forma de controle do mesmo entre grupos bélicos e paramilitares em diferentes regiões do Rio.

Enquanto escrevia estas páginas, por exemplo, recebia no WhatsApp um vídeo de jovens sendo obrigados a terem os cabelos raspados supostamente por uma milícia que condenava seus cortes loiros. Meses depois, vejo milícias digitais propagarem por aí notícias de fake news sobre o ato simples da população tomar uma vacina. É difícil falar em futuro e em tempo, uma vez que, possivelmente, retirando algumas notícias de jornais de 2021 e comparando com outras de 120 antes, algumas delas possivelmente tenham teor semelhante – parecendo serem da mesma época.

Apesar disso, pode ser interessante recorrer a algumas páginas deste livro e perceber, junto dos relatos que trago, como em alguns estudos de Simas (2019), Costa (2000), Fernandes e Herschmann (2014, 2018) e tantos outros, essas ruas da cidade em meio a tantas ambiguidades e problemas foram capazes de construir novas subjetividades, modos de vida e reinvenções do Rio de Janeiro desde sempre. Em especial na década 2010-2020, mas também em diferentes períodos e processos.

Acredito que ao longo dessas páginas e por meio da bibliografia e relatos, seja exaltada a potência de se viver a cidade como essa *obra de experiências*. Um espaço que não nega seus perigos, silenciamentos, opressões e tensões, mas que sempre vai insistir como possibilidade de vida para aqueles que por aqui se debruçam.

Acima de tudo, pensar no quanto esta cidade se configura como um amplo laboratório comunicacional experimentado pela ira e alegria das festas enquanto neles mergulham. Pensar na visibilidade da cidade, dos espaços, de como as manifestações festivas constroem imagens e territórios que são moveis, e que assim vão mergulhando em movimento errante na cidade, mostrando sua pluralidade em curtas paisagens – e quanto essa imagem deve ser visível e potente. Pode chocar, pode chacoalhar.

Numa sociedade que constantemente repete que está hiperconectada e que passou por uma hecatombe pandêmica, pode ser interessante para o futuro retomar ao "arcaico" da rua para produzir potentes imagens e reconhecimentos entre si. Nesse sentido, modos de vida que só podem ser percebidos através da experiência e do esforço de enfrentar, encarar e sair à rua, quando as condições de saúde permitem, para ver e viver a cidade onde se vive.

Devemos pensar na cidade entre seus gritos, sua raiva, sua ira e sua música, considerando todo esse universo amplo que a metrópole apresenta entre sons, cheiros e imagens conforme caminhamos por ela, para além das planificações ou previsões específicas. Proponho a reflexão final de pensarmos a cidade, afinal de contas, como esta obra inacabada de incontentáveis desdobramentos comunicacionais que sempre vão se dar no imprevisível; mas, é claro, a quem a este imprevisível está propenso e aberto a mergulhar.

Por fim, acredito que apesar da deriva e da corpografia serem métodos utilizados neste trabalho, nestas reflexões sobre as apropriações da cidade aqui proposta há também um processo de deriva pelo próprio espaço do ambiente de pesquisa acadêmica do qual eu conhecia pouco. Enquanto jornalista, o amor por narrar a cidade. Enquanto produtor, saber curtir a cidade em festa para além da sua própria função estruturante naquilo. Enquanto folião, prestar atenção ao corpo. Enquanto pesquisador, enfim, descobrir sobre si mesmo ao mergulhar no campo.

Qual seria, afinal, o esforço de um pesquisador que não a descoberta, a curiosidade, o interesse por mergulhar corajosamente em territórios pelos quais não domina, como afinal, era o próprio território da academia a mim mesmo quando há anos comecei este trabalho? Curiosidade. Deriva. Descoberta. Mergulho: todas essas palavras, afinal, lembram ou não a prática dos Piratas que pelos mares avançavam?

Creio que, o que humildemente este trabalho propõe, para além das discussões sobre comunicação e cidade, seja justamente uma discussão acerca do exercício da pesquisa enquanto uma possibilidade de descoberta de si mesmo, dos sujeitos investigados, dos lugares por onde cada um se insere. E digo pesquisador também no sentido amplo, daquele ofício básico que todos nós temos ao entender e viver a vida urbana como arena de investigação, mistérios e descobertas.

Aproximo-me outra vez de versos compostos pelo amigo e poeta Ronaldo Bastos que enunciam sobre a possibilidade de encontrarmos a beleza no cotidiano a partir da simplicidade da vida ou dos pequenos gestos, ao dizer que "tudo que move é sagrado/ e remove as montanhas / com todo cuidado" ou ainda que "todo dia é dia de viver, para ser o que for e ser tudo".[56]

Com o pano de fundo da música e da festa, muitos assuntos sobre minha cidade foram tratados por aqui, mas, ao longo dessas páginas, particularmente, eu também juntava autores e conhecimentos adquiridos aos rostos que lembrava das pessoas nas ruas, minhas vivências, as reinvenções das paisagens do Rio, as histórias das gerações antigas e novas que tanto mexeram com a minha cabeça. Eu sei que a deriva na cidade foi aqui um método de pesquisa, mas, acima de tudo, ela também é para mim um estilo de vida. Está em cada deslocamento, no fim de festa, em cada túnel ou estátua invadida, em cada mergulho na cidade e no imaginário de cada geração que se estimula a estar e circular na rua simplesmente porque quer estar viva.

---

56 "Amor de Índio", de Ronaldo Bastos, publicada no álbum *Amor de Índio,* de Beto Guedes em 1978.

OS PERSONAGENS DA RUA

A primeira formatação deste trabalho foi entregue em fevereiro de 2020 e defendida em banca de mestrado, mas achei que fosse mais do que necessária uma adaptação disso tudo para um livro com algumas atualizações feitas ao longo do texto e outras novas entrevistas. Converter-se numa obra literária materializada para fora dos muros da universidade também, para que o mesmo fosse possivelmente devolvido para a rua, local onde tudo isso começou. Ser achado num sebo daqui alguns anos. Passar pelas mãos de diferentes perfis de pessoas.

As razões são várias e de distintas naturezas. Para além de produzir reflexões de um jeito lúdico, tentar de alguma forma produzir um texto que procure ajudar a estimular possíveis políticas públicas para o campo da cultura. Ou simplesmente fazer um material para que pessoas leiam por prazer e pensem, se quiserem, em suas próprias cidades e modos de festejar por ela.

Também por isso, para escrever o último capítulo deste trabalho, para além das entrevistas já realizadas e apresentadas aqui ao longo do texto, achei que a maneira mais interessante seria transmiti-lo a partir das vozes de algumas outras pessoas igualmente apaixonadas pela rua e que de alguma maneira tenham cruzado meu caminho nesses anos. Foi assim que, além das entrevistas que foram aqui apresentadas anteriormente, decidi já depois de ter defendido o trabalho de mestrado, contatar cerca de outras 30 pessoas com as quais esbarrei pelas ruas na última década para falarem comigo sobre todo esse movimento de formas diferentes.

Wally Salomão, célebre poeta das ruas cariocas do passado, costumava dizer que a memória é uma ilha de edição. No encontro dessa ilha visual e Pirata, os eventos são capazes das mais potentes e inacreditáveis montagens afetivas com experiências de cidade que em nós se eternizam. Por isso, fui atrás de outras conversas sobre a rua em festa.

Estávamos todos em suas respectivas casas no isolamento social pela COVID-19. Assim, para além de entrevistas feitas, achei que seria uma forma singela de olharmos para trás e lembrarmos de tanta coisa que aconteceu na rua em anos tão intensos, musicais e de luta.

São músicos, produtores, foliões, ambulantes, pernaltas, jornalistas, boêmios, DJs, dançarinos, trabalhadores da cultura, turistas ou tudo isso junto. Rostos e origens diferentes. Características, idades e ocupações distintas, mas que em comum se relacionam com a cultura e festa no Rio. Para alguns, fazia perguntas ou pedia que destacassem memórias. Para outros, simplesmente ia conversando e surgiam lembranças espontâneas vividas numa década tão intensa que destaco a seguir.

ALEX TEIXEIRA é jornalista e produtor, cria de Nilópolis e um dos integrantes do icônico Sarau do Escritório que acontecia no Bar da Cachaça, na Lapa. Ele abriu alas me enviando algumas palavras em belo texto relembrando sua infância, as descobertas na Lapa, viagens por blocos tradicionais e pelo Rio. Com destaque, ele diz:

> Com alguns quilômetros rodados, percebi que me perder dos meus amigos entre um bloco e outro era uma delícia. Uma oportunidade de conhecer outras pessoas, de abraçar desconhecidos, de desbravar blocos que não estavam na planilha de Excel, ou de parar numa agremiação de coroa que a galera jamais curtiria.

Conheci Alex exatamente por esse mergulhar na cidade. Mais exatamente, por causa da experiência que ele e vários outros amigos – como Rebecca Brandão e Luiz Fernando Pinto – faziam no Sarau do Escritório. O evento ocupava a encruzilhada da rua Mem de Sá com a Gomes Freire: quatro esquinas de muita história num projeto que homenageava em cada edição uma personalidade das ruas do Centro. Prostitutas, intelectuais da rua e da vida, mentirosos, mendigos, loucas e loucos (quem não é?), ambulantes, outros trabalhadores, boêmios, ativistas culturais eram algumas das personalidades envolvidas e mais do que merecidamente homenageadas, entre várias outras figuras que a gente se acostuma a ver na rua, mas que os discursos oficiais nem sempre reconhecem.

Para além das edições regulares, anualmente um Baile de Gala montava palcos em todas essas mesmas esquinas. Em 2015, com o coletivo que faço parte (FAZ NA PRAÇA), tivemos a honra de ajudar na produção de um dos palcos, num evento que homenageava a histórica Luana Muniz, tida por muitos como a Madame Satã dos anos 2010 na Lapa.

Em nosso palco, homenageamos também a Pepeia. Grande artista e dona de uma birosca, ela era conhecida nas ruas com este nome, mas orgulhosamente reiterava que durante o dia se chamava de Pedro Paulo.

Tanto Pepeia como Luana Muniz morreram no final da década. De lá para cá, também nos deixou outra lenda homenageada pelo Sarau, o Presidente, icônica figura carioca que sempre era protagonista nos atos de rua contra a Copa. A experiência de conhecê-los esbarrando sempre na rua, alguns com a saúde já bem fraca, reiteram como a cidade é uma ponte entre gerações que podem se reconhecer e trocar saberes, histórias e sociabilidades quando se encontram nessas manifestações pelos espaços públicos e anônimos.

LENCINHO SMITH foi uma pessoa que me ensinou bastante sobre essa renovação de gerações na cultura de rua. Em 2017, quando começava formalmente essa pesquisa, ele gentilmente me recebeu no acervo do Circo Voador, casa de shows onde trabalha e é mestre de cerimônias. Foi lendo o livro de Maria Juçá, diretora do Circo, que comecei a pensar em fazer este trabalho. A obra tem prefácio do próprio Lencinho e o Circo tem um papel interligado à rua desde os tempos de Arpoador, passando pela retomada da Lapa entre os anos 80, 90 e 2000. Nesse período recente, ajudou vários coletivos, blocos, grupos culturais e projetos que na casa hibridizavam espaço fechado e aberto.

Assim como a ideia de Voador que tem no Circo, existe no Rio uma nuvem festiva voadora que sobrevoa gerações diferentes com sensações e sentimentos em comum, apaixonados pela cidade. O Carnaval e as festas de rua dessa última década nada mais são do que isso. Pessoas que se alternam, mantendo uma chama sempre acesa, que perpassa gerações e se renova na rua. Quando liguei para Lencinho, em agosto de 2020, o tom de minha conversa com ele foi baseada nisso. Para além de conversamos sobre o Circo, ele lembrou das várias fases da Lapa, de suas falas para as milhares de pessoas nos voos de terça de Carnaval da Orquestra Voadora, de como fazer política com a festa, de sua infância brincando nas ruas de Jacarepaguá, dos eventos que participa há décadas no Rio. Acima de tudo, reiterou que a cidade pode ter cultura de rua, mas tem acima de tudo *da rua*: que se traduz na paixão que as pessoas têm por hibridizarem casa e calçada, confundindo-se numa coisa só. O produtor, inclusive, reiterou que no incerto momento de afastamento das ruas pela COVID-19 apareceu também uma oportunidade de renovação de ânimos e gerações, especialmente para insistir em novos ciclos.

CISSA BASEIREDO é arquiteta, pernalta e foliã. No passado, ela já tinha feito tecido acrobático e se interessava por perna de pau, mas não necessariamente ligada ao Carnaval. Foi quando começou a perceber o movimento das oficinas de formação e entrou na da Terreirada Cearense, coordenada pela icônica Raquel Poti. Em seguida, participou da oficina da Cia de Mistérios, que acontece na Gamboa e tem certa articulação com o tradicional bloco Escravos da Mauá. Nessa mesma oficina, começou a participar de outros eventos e desfiles ligados ao universo da perna de pau, como alguns festejos de santos. A partir dessa relação com as oficinas, também passou a viver o Carnaval como processo, para muito além de fevereiro. Como ela conta, o Carnaval que frequentava por volta de 2008 agradava, mas ela achava que faltava algo. Foi quando ao longo dos anos a festa foi se transformando.

Nas palavras de Cissa:

> Tinha alguma coisa estranha e aí eu fico imaginando que esse Carnaval que a gente frequenta deve ter nascido não pelas minhas mãos, mas de pessoas que tinham necessidades parecidas com as minhas. As pessoas gostavam das práticas do Carnaval, mas não de como as coisas eram feitas ou dos lugares. E aí conforme o Carnaval foi abrindo essas vertentes, começaram a surgir blocos menores. Eu fui seguindo o movimento.

Ela destaca a aliança e amizade formada entre pernaltas e alguns vendedores ambulantes. Como é arquiteta e com formação em urbanismo, ela comenta também o quanto esse movimento folião veio acompanhado de uma ocupação integral de várias ruas do Centro ao longo do ano, especialmente as ruas largas que ficam sem carros e ocupadas pelas pessoas em festa. Ela fala de todas as particularidades de uma ocupação que pode mudar de perfil pelo tamanho rua atravessada, horário do dia ou estrutura do espaço. Por fim, reitera que gosta de lugares como Marechal Âncora e até Boulevard Olímpico, mas que poderia ser mais aproveitado: "aquele cimento da Praça Mauá é urbanismo europeu, aqui é um país tropical! Apesar disso, para pernaltas é muito bom!"

RAFAEL MARTINS AUGUSTO é DJ e produtor, mas não gosta de Carnaval. Entre 2013 e 2019, produziu mais de 120 eventos na lendária Gafieira Elite. O antigo Casarão dos anos 1930 com enorme importância para a cultura popular carioca, ganhou sobrevida nos eventos de MPB e também de funk ao longo da década de 2010. Sua escadaria gerou tombos históricos para os bêbados na madrugada. Rafael estava sempre por lá tocando e várias vezes. Quando acabava a noite, ia às 5h da manhã para o Bar da Cachaça curtir as últimas horas de madrugada que viram o descanso de trabalhadores da cultura:

> Apesar de ter um clima de "Não vai ter Copa" e de protesto, a rua ficava sempre muito cheia desde suas primeiras horas. Depois dos eventos, as pessoas voltavam a andar pela Lapa. No Bola Preta, filmei uma vez a galera pulando e cantando 6 AM e depois saindo pela rua. Naquele momento, era o Rio lugar certo na hora certa para trabalhar com isso. Acho que muita gente protestava de dia, mas confraternizava de noite, entende?

Segundo ele, existe um movimento velado de controle ao uso da rua, que nem sempre vem pela repressão, mas por um imaginário que quer te manter em casa a todo custo, especialmente para a classe média. Rafael destaca também a iniciativas como Lapa Presente ou Tijuca Presente e outros movimentos que, segundo ele, vão minando ocupações espontâneas da rua. Como exemplo, destaca o quanto alguns moradores, mesmo em horário diurno, não conseguem entender a ideia da rua como viável e se incomodam com qualquer movimentação em espaços públicos. Tendo vivido em Vila Isabel e no Estácio, recorda dois importantes símbolos da cultura carioca desses bairros. Primeiro, ao falar dos jogos do Maracanã, recorda do clima de rua que ficavam em torno do estádio. Sobre o tempo de infância que vivia perto da Sapucaí, lembra do convívio com as pessoas que chegavam para desfilar: "Já carreguei sacola de senhoras com fantasia. A gorjeta era R$ 1, na época dava para comprar um Guaravita e um Fofura, a felicidade bastava com isso!"

MARIA EUGÊNIA COLOMBO é foliã e jornalista. Frequenta Carnaval de rua desde 2004 e também viu boa parte das transformações desse movimento. Ela recorda o quanto sentiu falta de várias situações das ruas cariocas quando morou em São Paulo, até mesmo o fato de as pessoas usarem chinelo naturalmente para ir a qualquer canto. Lembrando do passado, comenta sobre um belo cortejo da Orquestra Voadora que viveu em 2012 e outro dos Amigos da Onça, na Avenida Chile, em 2016. Nas duas oportunidades, ficou olhando para todo aquele colorido e movimentação e pensou "quero fazer parte disso!". Em 2017, entrou numa oficina focada na dança e a partir daí mergulhou de cabeça no Carnaval durante o ano todo. Ela fez parte da organização do famigerado Cortejo dos Signos, que saía mensalmente por madrugadas do Centro:

> A ideia de sair de madrugada era pelo trânsito que no Centro não existe essa hora e porque é um ponto acessível. Quando passaram as Olimpíadas parecia tudo meio abandonado e tivemos a sensação de reviver os lugares com os cortejos. Passar ali no MAR, no Museu do Amanhã. Em 2018, vivemos um ápice! Eu particularmente estava numa relação muito saudável com a cidade, amando muito o Rio e orgulhosa do que fazia parte. Passava de manhã no Centro indo ao trabalho e de noite estava no mesmo lugar em cortejo.

Maria Eugenia conta como essa manifestação, assim como no Boitolo, abria espaço para iniciantes, afinal, quem chegasse poderia tocar. Ela relembra também a decisão difícil do grupo, que pouco a pouco a partir de alguns episódios complicados de aumento da violência no Centro, foi deixando de sair às ruas. De todo modo, reitera com muito amor o trabalho realizado e o quanto que, de maneira efêmera, aquela reunião foi importante para várias pessoas da cidade. "Os trajetos eram sempre muito bem pensados, inclusive com encontros pessoais para discutir isso. Sinto orgulho disso, acho que temos uma pequena contribuição para o Rio!", relata.

PEDRO PAJÉ tem uma história de muitos anos ocupando a rua. Desde o início da década, foi DJ do Baile do Bené, integrante de diferentes bandas que tocaram na rua, participante ativo do importante Coletivo Norte Comum, e um dos organizadores do Planta na Mente. Foi também figura carimbada que eventualmente tocava em outros blocos, como o Boto Marinho. Pajé relembra que esse movimento, para ele, começou na universidade. O apoio de Centros Acadêmicos e do movimento estudantil ajudou alunos da UFF, UniRio ou do IFICS a produzirem juntos muita coisa no início dos anos 2010. Ele destaca como muitos jovens, saindo dessas faculdades, passaram a se entender enquanto produtores culturais e a rua era o palco, dialogando com outras pessoas que não necessariamente estivessem no espaço universitário. Pajé também relembra o outro momento vivido pelo Brasil em 2010, atribuindo a popularidade da rua ao fato de ter mais gente usando celular e novas tecnologias para produzir. Para ele, tudo isso alterou também sua maneira de circular na cidade, especialmente com o inovador Planta na Mente. O músico comenta:

> O Planta na surge nesse ambiente universitário e na rede formada ao redor disso. O desejo era fazer o debate da legalização da maconha de forma lúdica, com menos tabu e preconceito: usar a linguagem do Carnaval de maneira até mais cômica para falar de um assunto sério. Era tempo da UPP

chegando, a gente questionava aquele modelo de segurança. O Planta foi repreendido em seu primeiro desfile, aos poucos fomos conseguindo mais espaço, como andar o segundo quarteirão na rua Joaquim Silva. A Lapa vivia muita especulação imobiliária e a rua ganhou outro entendimento para uma geração que via o Carnaval nessa ideia de disputar espaços. O Planta surge nesse contexto, de bloco proibido que se articula e entra na agenda oficial da cidade, num tempo onde a própria Marcha foi também validada pelo STF.

JULIO BARROSO é até hoje carinhosamente chamado por muitos de "Secretário de Cultura do Baixo Clero carioca". Produtor e articulador, ícone da Glória, Santa Teresa e famoso em todo o Centro, é impossível ser visto na rua sem que esteja acenando para alguém que conhece: trajando suas roupas coloridas no *original Julinho Style*. Seus aniversários no começo do ano são sempre muito marcantes. Apesar do entusiasmado com esse movimento, também ressalta o quanto a febre de ocupação cultural de rua foi um grande desafio para produtores que dependiam de espaços fechados e da bilheteria. Mesmo fazendo algumas festas fechadas e dependendo disso como trabalho, ele sempre foi figura carimbada na produção de blocos, incluindo manifestações bem anteriores aos anos 2010, como o Céu na Terra.

Júlio recorda alguns movimentos muito potentes do início da década, como Damas de Ferro e Songoro Cosongo, com impacto direto no Carnaval. Ele cita a Pedra do Sal tendo sido "redescoberta" por alguns coletivos e bandas, como o evento Monhandas On The Rocks, da galera da Etnohaus. Júlio, que viveu intensamente o ano de 2013 em vários atos, relembra também movimentos como "Ocupa, Câmara", "Ocupa Lapa" e "Ocupa Cabral", que uniam militância e trocas sonoras e visuais. Ele também prossegue lembrando do crescimento de rodas de rima e de outros movimentos na Zona Norte, como o próprio Norte Comum e Leão Etíope do Méier. Júlio também foi muito presente no "Ocupa, Minc", em 2016, que movimentou vários coletivos da cidade em protesto contra o golpe. Ele também faz questão de lembrar do Bar do Nanam, da importância do Honk e seus ataques de fanfarra e da importância outras iniciativas, como a Quermesse e Acarajazz.

MAÍRA DE OLIVEIRA não viveu a década de 2010 inteira no Rio. Apesar de ter crescido e estudado na cidade, ela esteve morando boa parte do tempo fora do país. Quando voltou, em meados da década, recorda que estava querendo viver "o máximo do Brasil" e chegou à conclusão que só frequentaria eventos na rua ou que não cobrassem entrada. A cidade pulsava nessas iniciativas. Entusiasmada com o Carnaval, ficou encantada com uma outra forma de folia que não conhecia do tempo que ainda não tinha ido morar fora. Como acontece com muitas pessoas que se envolvem intensamente com o movimento, ela também passou a procurar uma oficina. Depois de ter começado a tocar xequerê no Terreirada Cearense, buscou um bloco que pudesse tocar andando e descobriu o Ibrejinha.

> É muito normal você encontrar um amigo que rapidamente começou a tocar um instrumento. Isso vem com as oficinas. No Ibrejinha, lembro de uma vez que a gente estava tocando e entramos no túnel, o subterrâneo do Aterro. Você vê todos aqueles amigos perto, outros como foliões, os ambulantes chegando junto, é incrível! A pessoa que sou hoje é também fruto desses espaços que ocupei nos últimos 4 ou 5 anos. Eu sempre vivi num mundo muito branco tentando me impor como mulher negra nesses lugares. Me descobri como mulher negra nesses espaços, em rodas de samba, pular bloco, ocupar. Ainda podemos ser um número bem maior, há os racismos estruturais, mas ainda assim tem uma expressão forte que me foi muito importante. A rua é uma coisa que não quero deixar de viver nunca!

Ela reitera também, que conforme os anos forem passando, acredita que a rua e esses eventos serão sempre uma realidade adaptada para muita gente que convive com isso. Permanecer consumido esse tipo de ocupação independente da idade que se tenha. Ao seu redor, diz que ninguém que hoje vive essa realidade tem vontade de parar de viver nada disso. Ela destaca como algo político que também se aproxime de ideais, para discutir possíveis pautas e incorporar novas liberdades.

FARA CLASH nasceu na Argentina. Ela veio morar no Brasil oficialmente em 2016. Já tinha vindo em alguns carnavais e feito amizades com algumas figuras de blocos, como a galera do Vamo ET. Fara trabalha com moda e veio ao Rio para estudar, mas também começou a se envolver com produção cultural e música. Ela começou a participar de uma roda de capoeira e destaca o quanto aprendeu sobre "saber chegar" nesses espaços. Além disso, fundou, junto com outros amigos, a produtora O Cerco, que organiza vários eventos musicais de bandas independentes da cidade, especialmente no Galpão Ladeira das Artes, no Cosme Velho. Artistas como Luedji Luna e Duda Beat, quando lançavam seus trabalhos, fizeram parte da programação dos shows. Fara também destaca a experiência da Kombi Pirata, veículo itinerante do segue os músicos nos blocos:

A experiência da Kombi é uma maneira que temos de ajudar os músicos dos blocos, a gente anda com eles e cria esses artifícios para a galera consumir a cerveja do próprio bloco. O que me encanta no Brasil é a potência da cultura popular, acredito que algumas coisas estão mais preservadas do que na Argentina. Lá temos muitos shows, mas no Brasil é mais forte a cultura de um jovem gostar de samba, maracatu, da essência da cultura. As semelhanças que vejo entre nós são da potência do audiovisual, que no Rio é forte e em Buenos Aires também.

JADA (JAÍLSON HORA) é DJ e servidor público. Baiano do bairro da Liberdade, de onde veio o Ilê Ayê. Ele foi morar em Rio das Ostras por conta de seu trabalho e mais posteriormente no Rio, no começo dos anos 2010. A partir de uma exposição que visitou no Morro da Conceição, acabou conhecendo a comunidade, se encantou e decidiu viver lá. Como citado anteriormente, ele via semelhanças nessa região e o bairro do Santo Antônio, em Salvador. Vivendo ao lado da Pedra do Sal, acabou conhecendo outros DJs e artistas - como Eloy Vergara e Pedro Carneiro - e resolveu formar um coletivo com eles. Assim nasceu a Quermesse, que juntava gastronomia, música e artes visuais na região da Saúde. Jada também relembra o quanto foi marcante o movimento de festas nas ruas, como as bicicletas sonoras e ambulantes ou eventos na praia e a própria Quermesse, que também fez parte desse processo. Jada destaca também o papel do Quilombo da Pedra do Sal na resistência daquele território, no que ele chama de Porto Pesadelo, ao falar do projeto do Porto Maravilha.

> Como diz Black Alien, até Presidentes são temporários. A rua tem seus ciclos que se renovam. A Quermesse aconteceu na cidade simultânea a outros movimentos como Leão Etíope do Méier, FAZ NA PRAÇA, SerHurbano, Sarau do Escritório. A rua vai se renovando, os momentos mudam, mas a história que fica e é uma situação que guardo eternamente com muito carinho.

ANNA CAROLINA MAGALHÃES cresceu em Rio das Ostras. É formada no curso de Produção Cultural da UFF por lá. Ela fazia parte de um coletivo naquela cidade, o Mucambo, e conheceu o DJ Jada através de intercâmbios que a Quermesse mantinha por lá. A partir dali, conheceu vários outros produtores do Rio e veio morar na cidade. Anna conta que alguns anos antes, ainda na escola, foi liberada da aula para assistir o anúncio de uma futura sede dos Jogos Olímpicos, que era o Rio. Em 2009, ela ainda não tinha muita ideia da dimensão que aquilo tomaria na capital do estado onde vive. Anos mais tarde, curiosamente, foi trabalhar no Armazém da Utopia, com a Cia de Teatro Ensaio Aberto, que está estabelecida na zona portuária do Rio desde o início dos anos 2000. Além de conhecer muitas histórias sobre a derrubada da perimetral, ela reforça bastante o convívio do armazém com os blocos de rua.

> Já aconteceu de ir para o trabalho de bicicleta e ter que desviar de um bloco que passava na frente de meu trabalho, meus amigos lá curtindo. As vezes as pessoas, sabendo que trabalho no Armazém, me perguntam se tem ensaio para articular as rotas.

Anna, que tem uma pesquisa acadêmica sobre o Armazém da Utopia, foi uma das pessoas que conheci através da rua e me estimulou a fazer este trabalho, quando a mesma também iniciava o dela. Acredito que não por acaso, ela também destaca a potência das redes formadas pela rua: "A gente começou a participar do "Passeio é Público", rolou um intercâmbio de ocupação em diferentes cidades. Foi como se a Quermesse tivesse plantado a sementinha para uma coisa muito legal que rolou lá em Rio das Ostras", completou.

RENATA RODRIGUES participou da criação do Bloco Mulheres Rodadas. Ela ajudou também a criar uma comissão que tenta criar pontes entre a festa e o poder público. Renata conta que, mais recentemente, está inclinada a estudar cada vez mais o Carnaval num caráter também de pesquisa. Depois do relato que me deu, criou uma rede de vários investigadores do tema na cidade e foi aprovada num programa de mestrado. Jornalista, ela também utilizou o período de isolamento parar criar um podcast que discutisse o assunto com alguns atores do movimento. Ao falar das mudanças da década, comentou que sente o clima no Rio totalmente diferente ao longo dos anos:

> A gente vivia uma promessa no começo dos anos de 2010 de que o Brasil e o Rio de Janeiro seriam os melhores lugares do mundo, de que eram o melhor lugar do mundo para se estar. Acho que essa euforia toda de 2010 teve um efeito óbvio sobre as ruas, sobre toda essa cultura que se formou, a multiplicação dos coletivos, dos blocos, os turistas nas ruas, a cidade fervilhando, os eventos, tudo misturado aos "vagabundos" de sempre. Claro que você pode me dizer: a gente não acreditava totalmente nisso, não compramos essas promessas de terra prometida. É verdade. Nunca acreditamos crédula e totalmente nessa história, tanto é que tivemos 2013, junho de 2013. O Rio de Janeiro estava no centro disso, concorda?

Ela comenta acreditar que, na mudança de década, o momento seja de transição. Relembrando a experiência das Mulheres Rodadas, destaca que surgiu como experiência orgânica e em rede, motivadas por outros movimentos da década. Renata também fala de um enorme cortejo musical de artistas de diferentes blocos, organizado coletivamente para o 8M de 2020. *"É uma mudança significativa se você pensar que alguns anos atrás nem se falava* em assédio no Carnaval", conclui.

VICTOR OLIVEIRA tem ficado mais conhecido ultimamente como DJ Pivéti (PVT). Tijucano da rua Uruguai, me lembro do dia que nos conhecemos num evento de rap perto do Aeroporto Santos Dummont. Certa vez, ainda no começo da década, comemorei por coincidência meu aniversário numa praça ao lado de sua casa, que também é perto da minha. Dali, junto com outros amigos, incluindo Vitinho, veio a ideia de fazer um coletivo que pudesse mudar minimamente o eixo cultural de eventos Centro-Zona Sul em algumas oportunidades. Juntos, fizemos dezenas de produções nessa década, por várias regiões do Rio, mas ele conta que nem sempre foi assim. Como comentou, ocupar a rua foi um processo de transformação em sua vida:

> Já frequentei micareta, Carnavio, boate da Barra. Aos poucos, fui encontrando meu lugar nas ruas. Me tornei DJ, designer, passei a encontrar maior relação com a minha negritude. Isso foi se dando também nesse trabalho de cultura com a rua, o Carnaval também ajudou nisso. Isso também mexeu na estrutura de ingresso e bilheteria da cidade, tornar o acesso mais viável já que na rua acontecia tanta coisa. As festas de bass music como a Wobble também me ajudaram nisso, junto com a Pedra do Sal. Participei dessa cena e meu ápice foi tocar como DJ no Circo Voador.

O DJ, que também é hoje integrante do Quilombaile, conta que o convite para fazer parte do evento chegou através do DJ Thales Mulatu, outra personalidade muito conhecida na cultura de rua. Vitinho reitera que falta representatividade negra no Carnaval que frequenta, mas destaca o aumento de iniciativas para conscientização como forma de resistência. Ainda assim, diz que foram também nesses blocos que acontecem majoritariamente no Centro, que se reconheceu mais como homem preto: "no passado, quando ia para alguns outros blocos e tinha uma vida topzera, eu não me via naquilo ali", completou.

MARIA CLARA GOMES é filha de VIVIANE GOMES, que por sua vez é irmã de CAROL GOMES. As três passam Carnaval juntas há muitos anos. Viviane desfilava no Coração das Meninas, que costuma sair na Saúde. Carol gostava dos desfiles de Escolas de Samba e Maria Clara, desde criança, adorava ver os carros alegóricos. Ela frequenta o Carnaval "não oficial" desde os seus 8 anos de idade (ela nasceu em 2001).

Para Carol, a última popularização do Carnaval foi como uma re-descoberta. Ela também comenta sobre múltiplas regras impostas pela Riotur que fazem o Carnaval que frequentam desviar disso e ser, em sua visão, mais livre. Ao contrário dos foliões eternos, que são muitíssimos, as três têm o hábito de frequentar os blocos majoritariamente pela manhã. Apesar disso, afirmam que quando esses blocos são secretos e não divulgam horário de saída, produzem uma certa elitização de uma cultura popular.

Carol Gomes, além de foliã, também trabalhou comigo em dezenas de eventos de rua ao longo da década. Segundo ela, as trocas são os que fazem a diferença nisso. "Conseguimos misturar em eventos a presença de idosos, crianças, população de rua. A cultura sempre será parte de minha vida, ela faz o ser humano aprender, debater, precisamos valorizar isso", conclui.

ANTÔNIO SCHUBACK é fácil de ser encontrado nas ruas em dia de festa. Muito provavelmente, ele pode estar com fantasias criativas e coloridas trepado numa estátua histórica e dançando. *Stylist*, ele utiliza especialmente o Carnaval como plataforma criativa. Antônio conta que desde criança observava as fantasias, os desfiles e dizia que queria ser carnavalesco. Diferente de outros entrevistados, não foca tanto na questão do Rio de Janeiro com a cultura de rua, acreditando que esse fenômeno se estende para várias cidades da América do sul. Apesar disso, fala do Carnaval carioca quase como um trabalho ritualístico, que conta com preparação prévia, a construção das fantasias e o período posterior. Segundo ele, o Carnaval é o lugar onde o conservadorismo não funciona, nem mesmo na origem da festa isso seria possível e quem é de Carnaval "não compra essa ideia". Ao comentar do trabalho com marcas que se aproximam do Carnaval, ele conta que fez alguns editoriais em bloco ou com temática de bloco, especialmente variando tipos diferentes de compreender a festa esteticamente.

> Já peguei o Carnaval para transformar em várias imagens diferentes em meu trabalho com a moda. Na rua, subo em estátuas, passo por lugares que não vou. Claro que tem uma questão de respeitar e não quebrar a cidade. Mas se estamos nela, é para ter essa experiência. Pegar chuva, sol, extravasar. Num governo conservador sempre vão perseguir a festa pois está muito claro que ela é livre. Acredito que os blocos quando são secretos tenham uma proposta elitista pois afasta as pessoas de chegarem, por outro lado, tem essa questão da política e da repressão, mas eu acho que vem num segundo momento. Vivi muitas coisas inesquecíveis. Me lembro mui-

to de um Boitolo numa chuva absurda e todo mundo ignorando. Outro ambiente marcante foi o final desfile das Campeãs com a Mangueira em 2019 que eu fui andando atrás da Escola.

GUILHERME ANDRADE é morador da Lapa. Desde o começo da década, aproveitou demais o fato de morar no Centro, especialmente na parte da noite. Diferente de alguns moradores que se incomodam com o barulho, Guilherme aproveita as distâncias curtas para frequentar diferentes eventos. Ele recorda um tempo onde as ruas da Lapa ficavam fechadas para carros, mas também atribui ao surgimento do Lapa Presente a mudança em algumas dinâmicas na região. Segundo ele, um projeto que surgiu para coibir assaltos teve como alvo a revista de jovens. Guilherme, que também passou a frequentar muitas áreas abertas da Zona Portuária para festas de hip hop, também destaca espaços como Arco do Teles, a vizinha Praça XV e a saudosa Casa Rosa, em Laranjeiras (Zona Sul) como locais que frequentou bastante. Ele critica um certo descaso das autoridades com o bairro onde vive, especialmente pelo fato de muitas vezes as pessoas esquecerem que o Centro tem moradores.

> Já frequentei outro tipo de Carnaval que eu não gostava. O Centro ajudou nesse tom subversivo, mas também muitos desses blocos hoje já saem pelo subúrbio e Zona Sul. Existe uma certa solidariedade, como em 2020, que teve cortejo no Morro do Pinto para ajudar incêndio em um estabelecimento. As pessoas que frequentam esse Carnaval continuam no Centro o resto do ano seja em festas de MPB ou rodas de samba.

CRYSTAL VIEIRA estava 7h na Praça Marechal Âncora quando a conheci. Era um cortejo no mês de agosto e, naquela época do ano, o sol costumava nascer na Baía de Guanabara. Assim como gerações do passado de várias regiões da cidade que passaram a ver o sol se pondo no Arpoador, em 2018 tornou-se comum que pessoas de lugares diferentes observassem madrugadas viradas com o dia ali nascendo perto da Praça XV. Crystal era uma delas. Para ela, a relação com o Centro mudou totalmente depois de cortejos que começaram a ocupar uma área que, em sua rotina, era um espaço para resolver burocracias. Crystal destaca também que, a partir dos cortejos, passou a praticar mais atividades de lazer no próprio Centro, até mesmo em momentos diurnos. Ela destaca duas experiências do Technobloco como marcantes: uma em 2017, com a multidão correndo por lugares que nunca tinha estado; e a outra em 2018, com helicópteros sobrevoando o bloco com milhares de pessoas. Estudante de psicologia, ela destaca também a relação do Carnaval com o corpo, comentando de como ele cansa, se move e sabe que a catarse da folia é efêmera. Sobre as fantasias, relata que de certa forma as pessoas encarnam o personagem do que estão vestidos e que ele representa uma parte delas.

> "Com os cortejos, também passei a perceber uma relação do Centro com o mar. É um mar com outro significado, um mar mais ligado ao movimento de pessoas já que você provavelmente não mergulha nele. É um mar onde as coisas chegam. Um mar agitado, que não está ali para relaxar. Um mar de movimento".

Crystal me ajudou a entender a relação Pirata da minha cidade entre o mar e seus tesouros.

GABRIELA SCHMITZ nasceu e vive em Porto Alegre. Na capital gaúcha também existe um cenário de festas de rua, rodas de samba e também os blocos de Carnaval começaram a crescer nos últimos anos. Pelos interesses em comum, Gabriela decidiu vir ao Rio em algumas oportunidades. Antes de vir, já tinha se informado dos blocos. Ter ficado hospedada no Centro aumentou a proximidade com eles. Apesar de chamado de "não oficial", várias vezes esse Carnaval atrai muitas pessoas de fora do Rio, como Gabriela, que já sabem informações que nem a própria Prefeitura do Rio tem. Foi assim que, com ajuda de quem ia conhecendo nas ruas, se inseriu em grupos de músicos e foliões para saber as boas da festa.

> A verdade é que a galera do Rio é louca, tenho vontade de fazer parte daquilo de novo. Você descobrir aquela cidade com aquela geografia é uma experiência incrível. Em Porto Alegre também temos alguns movimentos parecidos, com ensaios aos domingos. Me contaram que foram inspirados nos ensaios da Orquestra Voadora. O próprio Honk que também acontece aqui. Nesses movimentos, rebatizou-se um lugar de Recanto europeu para Recanto Africano. Existe em Porto Alegre também a relação de tomar uma cerveja na beira do rio e como acontece por aí, mas o Carnaval é muito forte no pré e pós.

Gabriela também estudou o Carnaval porto-alegrense em seu trabalho final de faculdade. Apesar de adorar o Rio de Janeiro, conta que sentiu diferenças no Rio em anos diferentes que esteve pela capital fluminense. Segundo ela, o clima de abandono e aumento da violência e exclusão foi perceptível. Como conta, o Carnaval também tem uma relação de te obrigar a ficar atento aos perigos da rua. Para além disso, fala também de uma ideia de catarse coletiva, de pessoas que compartilham olhares, jeitos de sentir e compartilhar a festa.

GEORGE SILVA já foi apresentado aqui ao longo do texto, mas merece outro relato. Vendedor ambulante, pedreiro e camelô, pratica a famosa correria no Carnaval e acumula muitos amigos na rua. Ele foi ficando muito popular, especialmente depois que comprou uma caixa de som e a levou para as ruas. Chegou a puxar cortejos com a mesma. Durante a quarentena, sofreu um acidente de moto e ficou com o braço quebrado. Quando perguntei sobre a festa, me mandou um áudio cantando que queria que a folia voltasse e começou a lembrar de blocos que tem saudade. Citou CPF do Crivella, Ibrejinha, os blocos do Outeiro da Glória, Boitolo e 442. Morador de Japeri, ele se articula com a família e em grupos de WhatsApp para participar da festa e acabou se tornando conhecido nas ruas.

> Gosto do Boto Marinho. Na barca até Paquetá já começamos em festa, os músicos tocando. Rodar a ilha toda pulando, cantando. O carrinho é pesado, mas a gente brinca junto. Santa Teresa também, destaco lá o Meu doce acabou hoje. E o Boitolo? Do Centro até Copacabana. Gosto de estar correndo atrás de bloco servindo cerveja gelada com a galera se abraçando. É uma magia. É esperança. Se encontrar com a galera, andar de norte a sul. Esquecer tudo!

George também reitera sua militância de rua em torno de uso das latas, falando que a mesma não machuca, não corta e é mais barata. Ao longo dos anos, também começou a contar com apoio de seus irmãos que participam da festa. Seu lema "foge dos boca de vidro" ganhou até funk que pode ser acessado no Youtube.[57]

ARRE COLARES frequentava eventos de ska nos anos 2000 e encontrou nas neofanfarras – famosas nos anos 2010 – a mesma relação sonora com os metais (instrumentos de sopro). Ele tinha vivido um tempo fora e voltou ao Rio em 2016. Arre trabalha como produtor musical e quando retornou à cidade se deparou com um movimento muito potente dessas fanfarras de rua. Ele chegou a tocar brevemente com a Orquestra Voadora e Caetano Virado, mas foi no Planta na Mente que ficou mais tempo, até formar também com outros amigos a Charanga Venenosa, que por várias sextas-feiras fazia seus ataques no Bar da Cachaça, na Lapa. Mesmo não sendo ligado a futebol, Arre conta que também começou a tocar na Fanfarra Festiva Tricolor: uma torcida do Fluminense focada em formatos musicais com uso de metais. As

57 "Funk da latinha (Foge dos Boca de Vidro)" – Foliões Unidos #CarnavalDaLata". Disponível em: https://www.youtube.com/watch?v=h7ihaDZJneg&feature=youtu.be.

torcidas cariocas, não por acaso, tinham bandas nesse formato num passado distante. Segundo ele, a cena de fanfarras que acontece no Rio de Janeiro se organiza nacionalmente, especialmente através do Honk e o próprio já chegou a tocar também em Brasília.

> A minha experiência de banda era de rock, aquela coisa de conseguir um lugar pra tocar. Com a rua é maior a independência, nem de eletricidade precisamos, nossos instrumentos são acústicos, a gente toca onde estiver, apesar de certa repressão. E fora do Carnaval é muito melhor, né? A Charanga Venenosa é uma fanfarra que não é de Carnaval. Eu gosto muito de comparar um pouco a nossa cena aqui com a cena de Nova Orleans, por mais que a gente esteja engatinhando muito em relação a galera de lá.

LUCIANA SILVA é foliã e destaca a valorização da música brasileira no Carnaval que costuma ir no Centro. Ela também destaca que frequentava outros blocos quando adolescente e não curtia a experiência, especialmente por ser uma mulher negra que, como ela mesmo diz, ainda não se reconhecia dessa forma. Segundo Luciana, o Carnaval que acontece majoritariamente no Centro a ajudou a perceber a festa de outra maneira. Ainda assim, ela valoriza outros blocos de bairro, como os que costumava ir com a mãe na infância junto com Escolas de Samba. Ela sugere a palavra liberdade como uma potencialidade dessa festa no presente, como a possibilidade de se aventurar em passar várias horas sozinha encontrando amigos entre os blocos, como fez em 2020.

> Hoje em dia quando penso no lazer eu atrelo diretamente ao Centro do Rio. Isso me fez explorar outros lugares e me mostrar mais aberta para ir a eventos que eu não ia por não conhecer o lugar ou sentir receio. No Carnaval somos corpos diferentes, temos características, sentimos coisas diferentes e nos comportamos de formas diferentes, mas de algum jeito nesse Carnaval do Centro do Rio a gente consegue encontrar coesão, ser um coletivo de felicidade e existir com nossas diferenças.

Luciana também destaca a relação do deslocamento com a festa, a questão de andar em grupo por muitos lugares desconhecidos e ir desbravando. Ela relembra ainda que é muito difícil que o Carnaval se limite aos primeiros meses do ano pois as pessoas "sentem falta dessa energia e desse senso coletivo que eu falei antes, de estar na rua e estar cantando e liberando seus demônios", concluiu.

RAFAEL CASSEL afirma ter sido formado pela rua. Produtor de raves nos anos 2000, distribui flyer na Lapa para eventos que trabalhava na Fundição Progresso. Nos anos 2010 começou a produzir mais festas no Centro, como a Mistério do Planeta, mas ao longo de sua trajetória já entregou cerveja, foi DJ, tocou surdo em cortejo, foi produtor, ambulante, funcionário com carteira assinada em boate e muito mais. Ele também chegou a organizar evento com show da Baby do Brasil, além do bloco do icônico Sérgio Sampaio. Fez também a logística de rodas de samba conhecidas como da Moça Prosa. Rafael conta que não fez faculdade, mas a rua foi sua escola. Em meados da década, decidiu ir morar em Paquetá. Entre 2019 e 2020, ajudou na articulação entre moradores da ilha e o Carnaval em defesa de horário das barcas, movimento que segundo ele, ajudou a mudar a imagem para algumas pessoas que lá vivem e não viam com bons olhos a festa na ilha.

> A Baía de Guanabara como espaço de trânsito é muito louco! Quando comecei a morar na ilha, chegava na barca e relaxava do caos. Trabalhar com eventos existe um risco muito alto em cada produção, então ter ido morar na ilha me deu paz durante a semana. Olhar para o sol, para árvores. Foi bacana participar dessa integração entre o Carnaval e a população, algumas pessoas mais velhas.

Rafael não é muito chegado ao termo ocupação. Segundo ele, o que faz é "botar uma música maneira e cerveja gelada para a galera curtir".

Ele também destaca momentos interessantes, como quando tocou de DJ na Fundição Progresso no show dos Novos Baianos e quando produziu uma festa relâmpago na Marechal Âncora enquanto um cortejo acontecia no mesmo lugar. Assim, a festa acontecia debaixo do mergulhão e o bloco na parte de cima: dois ambientes e os dois acontecendo de maneira informal na rua sem que a Guarda Municipal desse conta.

MARCELE OLIVEIRA cresceu em Realengo e hoje trabalha no Circo Voador como comunicadora. Ela destaca que vem do subúrbio e que emana daí o entendimento que tem de rua. "Rua com R maiúsculo", destaca. Marcele comenta de algumas relações que teve com espaço público durante a infância, desde procissões da igreja católica ou caminhadas que traziam o contato com multidões. Marcele havia participado do movimento de ocupação das escolas públicas quando estava no ensino médio. Anos mais tarde, foi estudar Produção Cultural na UFF. Com isso, também começou a transitar mais pelo Centro e o mesmo encontro com as multidões acontecia, mas dessa vez trazia a música. Ela destaca o contato com o movimento das fanfarras e que, em anos seguintes, participou da corda ou produção de cortejos como Filhos de Ghandi, Multibloco, Agytoe e Maracutaia. Também entrou como produtora da Charanga Talismã, onde até hoje realiza o trabalho com o grupo que ocupa a Vila Kosmos, na Zona Norte.

> A Charanga também já teve em Irajá, Realengo, em Costa Barros. Como eu, tem muita gente que move as estruturas da cidade nesse mesmo eixo/monopólio Centro-Zona Sul porque ali tá o babado, mas o coração tá na Baixada, Zona Oeste, Caxias. Tem muito produtor periférico hackeando o sistema. Tem uma citação que eu não vou lembrar agora de quem é, mas que diz que não fazemos festa por estar tudo bem, mas para ter força para continuar lutando. Refrescar os ares, construir junto. A arte, música e performances começaram a fazer sentido para mim como linguagem universal que une pessoas que a cidade dividida pelos trens de ferro separa.

BRUNO KOVACHY é administrador e DJ. Segundo ele, se o local onde acontece a noite não for aberto, as pessoas do Rio de Janeiro não vão. Ele alerta que existe uma forte cultura de rua, que também reverbera em espaços fechados que apostem na festa ao ar livre, como tem acontecido no Santo Cristo. Bruno destaca a ideia de a rua ser destino final e não espaço de locomoção. Ele também cita a praia como algo ligado a isso e assim como outras pessoas que conversei, lembra com saudade de um tempo que fechavam as ruas da Lapa para carros mantendo apenas pedestres. Bruno, que frequentou eventos diferentes de hardcore, funk e axé em diferentes lugares do Rio quando adolescente, diz que ficou um tempo distante do Carnaval de rua, pois não entendia muito como ele estava funcionando. Aos poucos, porém, foi identificando melhor onde as coisas aconteciam.

> O Carnaval abriu meus olhos para relações humanas, me permitiu entender melhor a forma como eu penso, as ideias que eu tenho, a forma que eu gosto de me relacionar, com quem eu gosto de me relacionar, quem são as pessoas a minha volta que me interessam. Me ajudou a entender ideias que nenhum outro meio fez. A festa vai acompanhando os momentos que a cidade vive, mudando junto com ela" – afirma e completa dizendo que "a cidade absorve a rua, você vai ter uma rave no meio da rua, um bloco, tudo que você imaginar no Rio pode acontecer na rua e é aí que está a beleza disso.

JÚLIA AIZ é artista visual. Ela afirma entender a cidade como um processo de muitas fragmentações. Segundo ela, o Rio é essa grande colagem de pequenos pedaços que vão se juntando e criando imagens loucas. Júlia acredita que o Carnaval seja um momento no qual a gente comemora isso e vê a cidade inteira fazendo arte: tempo de extravasar e criar. Ela destaca alguns eventos de rua que frequentou na década e que considera muito importantes, com destaque para o Isoporzinho das Sapatão, que ela define como "uma festa feita por mulheres lésbicas para mulheres lésbicas, mas que abraça muito bem todo mundo". A artista também relembra experiência da Rádio Libertá, coletivo muito jovem pelo qual fez parte em meados da década e que produzia vários shows na rua e onde vários de seus membros foram ter outros trabalhos ligados a arte e cultura no Rio. Apesar de curtir bastante o Carnaval carioca, ela destaca especialmente algumas experiências que foi buscar indo viver a folia também em Pernambuco, da qual resume como uma experiência espiritual que tem tudo para dar errado, mas funciona "como uma coisa dos Deuses". Nesse sentido, ela afirma que a experiência que pretende buscar no Carnaval do Rio futuramente tem um pouco a ver com mais blocos tradicionais. "A gente tem uma Prefeitura que não colabora muito com o Carnaval de rua, né? Lá em Pernambuco acho que *é mais fácil em relação a isso*", concluiu.

MARIANA COLOMBO é médica, foliã e dança em alguns blocos. Ela conta que, pela profissão que tem, normalmente costuma ser mais difícil se envolver com muitos grupos e conhecer gente nova depois dos 30 anos de idade. Por conta disso, decidiu procurar uma oficina de bloco num momento onde queria viver coisas novas. O irmão participava do Filhotes Famintos – que surgiu da oficina dos Amigos da Onça – e a ponte chegou por lá. Assim como várias pessoas que falaram comigo, ela também passou a ver o Centro de outra maneira, para além da Lapa, por meio das festas e blocos. Mariana acredita que muitas pessoas que procuram as oficinas têm essa relação – de buscar sair de uma certa zona de conforto. Ela também destaca a relação híbrida que esse tipo de Carnaval tem com as festas juninas e também do longo trabalho que acontece ao longo de vários meses até a festa que é vista no verão.

> Em um dia que o bloco saiu em cortejo pela rua e eu vi a professora dançando em frente a Fundição e a gente foi em cortejo até a Tiradentes. Pensei: que foda! Gostava de ver as mulheres chamando atenção, dançando e resolvi entrar na oficina. Eu passei a me ver como uma pessoa mais atraente. Me fez olhar meu corpo de outra forma. A posição de estar ali dançando, me sentir gostosa e atraente dessa forma, estar em uma posição de destaque. O Filhotes Famintos é um grupo que foi formado a partir dos alunos que fazem oficina sem os professores então tem uma certa independência, mas claro que os professores meio que sempre sabem de alguma coisa. Meu encontro com a Zona Portuária também veio pelos blocos.

RODRIGO BRAYNER trabalhava num cartório até 2015, quando decidiu mergulhar de cabeça na produção cultural, encantado pela rua. Ele já era músico e produtor musical, mas começou a produzir muitos eventos em sequência e se aproximou do coletivo Etnohaus. O grupo ocupava uma casa no bairro de Botafogo, mas tinha feito dezenas de eventos também pelo Centro desde o início da década. Rodrigo conta que já no colégio foi produtor de eventos e shows, mas foi amadurecendo ao longo dos anos. Segundo ele, por meio dos coletivos, nessa década experimentou-se uma 'época dourada' da produção de cultura: usar a rua como seu palco para que muitas pessoas pudessem ver seu trabalho. Ele reforça que apesar da repressão e burocracia, surgiram inclusive algumas leis que possibilitaram a produção em espaço público numa condição ambígua. Muito ativo e sempre solícito em diferentes eventos e manifestações, ele é uma das pessoas que coloca o coração e energia na cidade e encara o desafio de produzir como ferramenta para pagar as contas, mas também como condição política e modo de vida. A cidade é repleta de figuras como Brayner, que possivelmente estão muito mais atrás dos palcos do que em grandes flashes e discursos, mas somente através desses bastidores e corações apaixonados que os eventos acontecem: seja em blocos de Carnaval ou em outros encontros musicais e festivos que a metrópole produz.

> A rua tem uma energia que é a energia de todo mundo, você tem que equilibrar com os outros que estão ali. O Festival O Passeio é Público, por exemplo, foi uma experiência marcante, durou 4 anos e cerca de 100 pessoas envolvidas na produção. A cidade também cria barreiras para você ir para rua. A cultura é muito restrita ao grande empresariado em termos de cifra, fazer algo diferente disso é uma luta. A rua é talvez o maior dos aprendizados que um produtor precisa ter, se ele consegue domar e entender a rua, ele vai ser um produtor perfeito onde ele quiser.

GIULIA VILLA VERDE DIAS define a experiência do Carnaval e do Centro da cidade em sua vida como uma revolução. Assim como outros entrevistados, ela fala por um processo de identificação física, sobre percepção de sua própria negritude e de seu corpo. Ela começou a se aproximar do Centro da cidade antes dos 20 anos e trabalhou em vários eventos: vendeu purpurina, hambúrguer, drinks e frequentou blocos e festas. Mas nem sempre foi assim. Segundo ela, sua vida ainda era um pouco restrita a uma bolha e foi o processo de sair pelo Centro que a fez se transformar. Giulia passou a infância vivendo fora do país e também destaca esse processo como importante para reflexão do que é o próprio Carnaval e o Brasil em sua construção. Ela destaca alguns espaços que frequentou nas ruas, como Praça XV, Arco do Teles e Lapa, entre casas fechadas e festas de rua.

> Essa identificação vai muito além de uma questão de gostos parecidos com os meus. É uma relação física. Eu voltei para o Brasil e circulava pela Barra. Vivia num ambiente muito branco e me sentia diferente das pessoas ao meu redor quando mais jovem. Essa experiência do Carnaval e de viver o Centro foi uma construção identitária para mim neste sentido. A diversidade e toda a questão da rua, de ver convívio, tudo foi um grande despertar. Eu vivia muito insatisfeita e depois fui conhecendo melhor outros ambientes e comecei a entender insatisfações que eu tinha. Vendo coisas que eu gostava bem mais. A rua ajudou nisso, me encontrei e me identifiquei como ser humano, saber do que gosto.

Giulia reforça como essa relação, que começou a se desenhar ao longo de sua adolescência e desabrochou no começo da vida adulta, foi importante em sua constituição como ser humano. Para além da música, dos encontros e do trabalho nas ruas, acima de tudo, a experiência dela nos mostra como a festa de rua é de fato uma grande escola.

RONALDO BASTOS é um dos compositores mais importantes da história da música brasileira. Autor de clássicos como "Trem Azul", "Amor de Índio", "Um certo alguém" e várias outras pérolas eternizadas por ícones como Milton Nascimento, Beto Guedes, Lulu Santos e muito mais gente. No Carnaval, é um folião que ama a rua. Quando o conheci, ele usava uma peruca e saia, sempre acompanhado de Léo, Rodrigo e amigos que fez na folia. Lá se vão alguns anos. Seguimos o Boitolo por horas. Num cortejo do Amigos da Onça, ainda no tempo da Avenida Chile, lembro de Ronaldo dando risadas ao ver foliões escalando a estátua de Dom Pedro I. Um pique invejável para alguém que já passou dos 70. Ele que, no passado, fazia parte da galera da Nuvem Cigana: icônico coletivo de música e poesia. Faziam Carnaval independente de época do ano. Normalmente pela Zona Sul, mas imergiam em cortejos e em fantasias. Alguma semelhança?

> Nós fazíamos um tipo de Carnaval, mas não precisava do mês de fevereiro. Preparávamos as fantasias e saíamos em cortejo pelas ruas dançando. Era pura política do corpo.

Ronaldo, que disse se considerar um *flaneur* e adepto das caminhadas, costuma pensar bem mais do presente que no passado, mas conta que quando conheceu esse Carnaval, "voltou a fazer muitas coisas que fazia nos anos 70." Como tudo na vida é movimento, ele diz que mesmo essa festa mais recente, num dado momento, passou a não fazer tanto sentido em algumas oportunidades, mas a paixão pela rua permanece.

O artista e folião comenta que, pela população ser muito maior hoje em dia, as coisas são cada dia mais cheias, mas que gosta das multidões. Ele também chama atenção para a espontaneidade da rua: "um processo onde você sutilmente vai percebendo os instantes, as pessoas e o jeito certo de curtir a festa."

Veio de Ronaldo, numa conversa informal anos atrás numa festa de rua, uma frase muito importante que guardo para vida. Segundo ele, uma das coisas que fazia durante a ditadura era "jogar bola para manter o corpo forte". A sensibilidade de perceber e escutar seu corpo, tanto diante da política, quanto da cidade e da própria catarse festiva, é uma das dicas mais certeiras transmitidas por ele e que levo para a vida.

THALES BROWNE é uma figura fundamental para a história recente da cultura do Rio de Janeiro. Esse processo eu vi pessoalmente de lá de trás. Quando eu tinha uns 16 anos, nos anos 2000, frequentávamos os mesmos eventos de hardcore e tínhamos amigos em comum de colégios na Tijuca, Andaraí ou Vila Isabel, região os dois cresceram. Anos mais tarde, me lembro dele, quando cursava Geografia na UFRJ, chegando nas ruas com um sax de bambu, que evoluiu para outros vários outros instrumentos, que por sua vez deram origem a vários encontros, blocos, multidões, catarses e alegria nas ruas. Essa história é melhor que ele mesmo conte:

> No começo da década, eu cursava Geografia e era voluntário em um ponto de Cultura em Paraty. Tocava violão e meus amigos diziam que meu lugar era da música. Um dia vi um sax de bambu na internet e comprei. Eu já vendia sacolé em festivais e blocos, conhecia algumas pessoas. Comecei a viajar com este sax para os próprios festivais e toquei com mestres como Gabriel Gabriel. Eu sempre dei bebida para os músicos no tempo do alcoolé. (...) Num dado momento, toda sexta e sábado eu ia para a Lapa e virava noites com meu sax de bambu. Era muito confundido com argentinos. Ali eu peguei repertório, conheci as entidades da rua. Não tinha Lapa Presente, era Exu Presente. Foi um processo de viver a madrugada. Além disso, toquei muito no metrô, fui reprimido lá também. (...) A partir de 2016, comecei a fazer minha festa de aniversário sempre num modelo colaborativo. (...) Também penso muito na questão da responsabilidade

com a rua, fazer a bagunça organizada. (…) Sobre a Charanga Talismã, ela não foi criada, ela se criou. Fiquei pensando muito num bloco de BH que tocava em cidades satélites e pensamos em fazer este movimento para fora do Centro. Há outros blocos que ainda acontecem pelo Centro. "Meu Doce Acabou hoje" é um cavalo selvagem na quarta de cinzas em Santa Teresa. O Cartela Nova que já aconteceu em vários lugares, em 2020 foi até o Instituto Marielle Franco. Há outros blocos com nomes novos, isso ajuda a quebrar aquela expectativa de "ano passado foi melhor". Como melhor? Nunca teve esse bloco! (…) A década foi uma época ímpar para o Rio. A cidade viveu um empoderamento da rua de um jeito nunca antes visto. Pelo menos em nossa geração. Todo o processo da Copa, a Lapa, as oficinas da Voadora. Um movimento maravilhoso que acostumou o carioca a ter tudo de graça, foi complicado também para o meio cultural e para o artista se sustentar. A gente caminhou na rua, mas não caminhou no sentido de rentável e valorizado. Isso diminuiu esse movimento, a gente viveu um auge e decadência. Eu acredito que vamos chegar num momento de rua rentável, ela sempre vai ser uma válvula de escape da falta de profissionalismo dos donos das casas. É a sobrevivência de muitas classes, inclusive da galera que faz os furtos", encerrou Thales, brincando e falando sério ao mesmo tempo, como sempre faz nas ruas.

REFERÊNCIAS BIBLIOGRÁFICAS

ABREU, Maurício de Almeida. *A evolução urbana do Rio de Janeiro*. Rio de Janeiro: Inplanrio/Zahar, 1987.

ALBORNOZ, Luís; GALLEGO, Juan., Setor da música... independente? Apontamentos sobre a trama empresarial espanhola. In: HERSCHMANN (org.) *Nas bordas do mainstream musical:* novas tendências da música independente no século XXI. São Paulo, Estação das Letras e Cores Editora, 2011. P. 87-104

BAHIA, Silvana. *Quem bate cartão também faz poesia:* o sarau do escritório, as disputas, os encontros nas esquinas da Lapa. Dissertação de Mestrado - Programa de Pós-Graduação em Cultura e Territorialidades. UFF, Rio de Janeiro, 2016.

BARBOSA, David Tavares. *Ocupe Estelita*: Fé, palavras e ações na política urbana da cidade do Recife. Dissertação de Mestrado. Programa de Pós-graduação em geografia. UFRJ. 2017.

BARROS, Maria Teresa Guilhon M. *Blocos:* vozes e percursos da reestruturação do Carnaval de rua no Rio de Janeiro. Rio de Janeiro: FGV, 2013

BARROSO, Flávia Magalhães. *Festas Urbanas e suas contribuições para os estudos de sociabilidade:* o caso das skateparties e o Coletivo XV. Anais Enecult 2016, p. 16-31.

BARROSO, Flávia Magalhães. Subversão e purpurina: o Carnaval de rua não oficial do Rio de Janeiro. *Entremeios.* v.13. n2. 2016.

BARROSO, Flávia Magalhães. Festas de contramão: Cenas e experiências dissensuais da rua. Dissertação de Mestrado - Programa de Pós-Graduação em Comunicação. UERJ, Rio de Janeiro, 2017.

BARROSO, Flávia; GONÇALVES, Juliana. Subversão e purpurina: Um estudo sobre o Carnaval de rua não-oficial do Rio de Janeiro. In: ANAIS. Intercom – Sociedade Brasileira de Estudos Interdisciplinares da Comunicação XXXIX Congresso Brasileiro de Ciências da Comunicação – São Paulo - SP – 5 a 9 set.2016.

BELART, VICTOR. Carnaval do Concreto: Experiências Piratas num Rio de Janeiro em movimento. In: ANAIS. XLII Intercom – Sociedade Brasileira de Estudos Interdisciplinares da Comunicação. 2019, Belém – 2 a 7 set. 2019.

BELART, Victor. Rio, Cidade Portuária: Cultura de rua, consumo e vivência do litoral carioca a partir das docas. In: ANAIS. Congresso Brasileiro Científico de Comunicação Organizacional e de Relações Públicas, Bauru, 2020.

BELART, Victor; BOTELHO, Andressa. Cultura à beira da Baía de Guanabara: práticas comunicacionais e experiências festivas no litoral proibido do Rio de Janeiro. In: ANAIS. Intercom – Sociedade Brasileira de Estudos Interdisciplinares da Comunicação. XXIV Congresso de Ciências da Comunicação na Região Sudeste. – Vitória – ES – 3 a 5 de junho de 2019.

BELART, Victor; BOTELHO, A. C. Subúrbio experience: a cidade das gambiarras, becos e improviso como ferramenta de branding. In: XV Póscom 2018 - PÓSCOM 2018. Rio de Janeiro: PUC, 2018. v. 4. p. 4-16.

BUENO, Débora Gauziki de. *Documentando a experiência urbana carioca*: o Rio de Janeiro pelas fotografias de Augusto Malta e do Rio 365. Dissertação de Mestrado - Programa de Pós-Graduação em Comunicação. UERJ, Rio de Janeiro, 2014.

BUARQUE DE HOLLANDA, Heloisa. (org.) *26 Poetas hoje.* Rio de Janeiro. Aeroplano. 6ª Ed, 2007.

BUTLER, Judith. Levante. In: *Levantes.* DIDI-HUBERMAN (org). São Paulo: Edições Sesc São Paulo, 2017.

BUTLER, Judith. *Corpos em aliança e a política das ruas.* Rio de Janeiro: Civilização Brasileira, 2018

CABRAL, Andressa. Povo Quilombola eterniza legado cultural. Viva Favela, Rio de Janeiro, 2015.

CAMINHA, Julia Vilela. *Os diferentes sentidos de se okupar*: experiências brasileiras e europeias. 2015. 120f. Dissertação (mestrado em Planejamento Urbano e Regional) – Instituto de Pesquisa e Planejamento Urbano e Regional, Universidade Federal do Rio de Janeiro, Rio de Janeiro, 2015.

CANCLINI, Néstor García. De la diversidad a la interculturalidad. In: *Conflictos Interculturales*. Barcelona: Editorial Gedisa, 2011.

CANEVACCI, Massimo. *A Cidade Polifônica:* ensaio sobre a antropologia da comunicação urbana. São Paulo: Studio Nobel, 2004.

CANEVACCI, Massimo. *Culturas Extremas:* Mutações Juvenis nos Corpos das metrópoles.. Rio de Janeiro, Lamparina, 2018.

CANEVACCI, Massimo. *Fetichismos Visuais:* corpos erópticos e metrópole comunicacional. São Paulo, SP: Ateliê Editorial, 2015.

CANEVACCI, Massimo. *Sincrétika:* explorações etnográficas sobre artes contemporâneas. São Paulo: Studio Nobel, 2013.

CARERI, Francesco. *Walkscapes:* o caminhar como pratica estética. São Paulo: Editora G.Gili, 2012.

CERTEAU, Michel de. A invenção do cotidiano: artes de fazer. Rio de Janeiro: Vozes, 1994.

CHALHOUB, Sidney. *Cidade Febril:* cortiços e epidemias na Corte imperial. São Paulo: Companhia das Letras, 1996.

COUTO, Peres Caroline. Entra cultura, sai política: práticas de boa governança na gestão das manifestações de rua por parte do Porto Maravilha. Tese de Doutorado. Programa de Pós-Graduação em Ciências Sociais da Universidade do Estado do Rio de Janeiro., Rio de Janeiro, 2019.

COUTO, Tatiana. Cidade Maravilhosa: Imaginário e Consumo na maratona do Rio de Janeiro. Anais. 42º CONGRESSO BRASILEIRO DE CIÊNCIAS DA COMUNICAÇÃO - INTERCOM, 2019, Belém

DE MARCHI, Leonardo. Análise do Plano da Secretaria da Economia Criativa e as transformações nas relações entre Estado e cultura no Brasil. Intercom – RBCC 206 São Paulo, v.37, n.1, p. 193-215, jan./jun. 2014

DIAS, Flávia Thais Sobrinho. *Feminismos e fanfarras de rua cariocas*: os estudos de caso do bloco Mulheres Rodadas e da brass band Damas de Ferro. Dissertação de Mestrado. Programa de Pós-Graduação da Escola de Comunicação da UFRJ. 2017.

DIDI-HUBERMAN, George (org.). *Levantes*. São Paulo: Ed. SESC-SP, 2017.

DIDI-HUBERMAN, George. *Sobrevivência dos vagalumes*. Belo Horizonte: Ed. UFMG, 2011.

DO RIO, João. *A alma encantada das ruas*. São Paulo: Martin Claret, 2008.

DURAND, Gilbert. *As estruturas antropológicas do imaginário*. 3a ed. São Paulo: Martins Fontes, 2002.

DUVIGNAUD, Jean. *Festas e Civilizações*. Fortaleza. Edições Universidade Federal do Ceará, 1983.

FERREIRA, Alvaro. O projeto de revitalização da zona portuária do Rio de Janeiro: os atores sociais e a produção do espaço urbano. *Scripta Nova*: revista electrónica de geografía y ciencias sociales, n. 14, p. 31, 2010.

FERNANDES, Cintia Sanmartin. *Territorialidades Nômades*: Comunicação, moda e música no Rio de Janeiro. ECO-Pós, v.16, v3, 2013.

FERNANDES, Cintia Sanmartin; BARROSO, Flávia Magalhães; BELART, Victor. Cidade Ambulante: a climatologia da errância nos coletivos culturais do Rio de Janeiro. *Revista Mediação*. v.22, n.19, 2019.

FERNANDES, Cíntia Sanmartin; BARROSO, Flávia. PRESENÇA E ATUAÇÃO DE MULHERES EM ESPAÇOS CULTURAIS NO RIO DE JANEIRO DO SÉCULO XIX: O que podem as mulheres em festa?. *Contracampo*, Niterói, v. 38, n.1, p. 7-21, abr.-jul. 2019.

FERNANDES, Cintia Sanmartin; HERSCHMANN, Micael (Org.). *Cidades Musicais*: Comunicação, Territorialidade e Política. 1. ed. Porto Alegre: Sulina, 2018. v. 1. 456p.

FERNANDES, Cintia Sanmartin; HERSCHMANN, Micael. Entre as conchas vazias e a potencialidade das dinâmicas criativas urbanas cotidianas na área do porto do RJ. In: FERNANDES, Cíntia S.; HERSCHMANN, Micael (orgs.) *Cidades Musicais*: Comunicação, Territorialidade e Política. Porto Alegre, Ed. Sulinas, 2018.

FERNANDES, Cintia Sanmartin; HERSCHMANN, Micael. Música nas ruas do Rio de Janeiro. 1. ed. São Paulo: INTERCOM, 2014. v. 1. 272p.

FERNANDES, Cintia Sanmartin ; HERSCHMANN, Micael *Relevância da cultura de rua no Rio de Janeiro em um contexto de valorização dos megaeventos*. Curitiba: Compós, 2016.

FERNANDES, Cintia Sanmartin; HERSCHMANN, Micael. Territorialidades sônicas e ressignificação dos espaços do RJ. In: *Revista Logos*. Rio de Janeiro: PPGCOM da UERJ, n. 35, vol. 18/2, 2011a.

FERNANDES, Cintia Sanmartin; HERSCHMANN, Micael. Usos de cartografias no estudo de comunicação e música. In: *Revista Fronteiras* – estudos midiáticos. V.17, n3., p-290-301, 2016.

FERNANDES, Cintia Sanmartin; HERSCHMANN, Micael; BARROSO, Flávia. Corpo, cidade e festa: as "performances do dissenso" no Carnaval de rua carioca. INTERIN, v. 24, n. 1, jan./jun. 2019. ISSN: 1980-5276. P. 157-175

FERNANDES, Rita. *Meu Bloco na rua*: a retomada do Carnaval de rua do Rio de Janeiro. Rio de Janeiro: Civilização Brasileira, 2019.

FERREIRA, Luís Felipe. A cidade e seu carnaval. *Espaço e Cultura*. n.9-10. Rio de Janeiro. 2000.

FREITAS, Ricardo Ferreira. Da cidade espetáculo à cidade mercadoria: a comunicação urbana na comunicação da marca Rio. *Ecopós*, v.20, n.3, 2017.

FERNANDES, Cintia Sanmartin. Territorialidades Nômades: Comunicação, moda e música no Rio de Janeiro. *Ecopós*, v.16, v3, 2013.

FOUCAULT, Michel. *Ditos e Escritos*. Rio de Janeiro. Forense Universitária. 2009.

FOUCAULT, Michel. *O corpo utópico, as heterotopias*. São Paulo: n-1 edições, 2013.

FREHSE, Fraya. Quando os ritmos corporais dos pedestres dos espaços públicos revelam os ritmos da urbanização. *Civitas,* Porto Alegre, v.16, n.1, p.100-118 – jan-mar.2016.

FREITAS, Ricardo Ferreira. Da cidade espetáculo à cidade mercadoria: a comunicação urbana na comunicação da marca Rio. *Ecopós,* v.20, n.3, 2017.

FREITAS, Ricardo Ferreira; MELLO, Flávia Barroso de. Porto Maravilha: vivências e experiências culturais no espaço urbano ressignificado. *Diálogo com a Economia Criativa*. Rio de Janeiro, v. 2, n. 4, jan./abr. 2017, p.74-87.

GINSBERG. Allen. *Uivo*. L&PM. Porto Alegre. 2010.

GOTARDO, Ana Teresa. *Rio para gringo*: A construção de sentidos sobre o carioca para consumo turístico. 2016. 164 f. Dissertação (Mestrado em Comunicação) – Faculdade de Comunicação Social, Universidade do Estado do Rio de Janeiro, Rio de Janeiro, 2016.

GOTARDO, Ana Teresa. Welcome to gay Rio: Imaginários sobre a liberdade sexual e a violência contra LGBTs na série documental Gaycation. In: I Congresso TeleVisões. Anais... Niterói (RJ): UFF, 2017. Disponível em: <http:// congressotelevisoes.com. br/anais/>. Acesso em: 28 abr. 2019.

HAESBAERT, Rogério. Dos múltiplos territórios à territorialidade. [s.l.], Porto Alegre, set. 2004.

HAESBAERT, Rogério. *O mito da desterritorialização*. Rio de Janeiro, Bertrand Brasil, 2010.

HAESBAERT, Rogério. Da desterritorialização à multiterritorialidade. In: Anais do X Encontro de Geógrafos da América Latina. São Paulo, Universidade de São Paulo, 20 a 26 de março de 2005.

HARVEY, D. *A justiça social e a cidade*. São Paulo: Hucitec, 1980.

HARVEY, David. *Cidades rebeldes:* do direito à cidade à revolução urbana. São Paulo: Martins, 2014.

HARVEY, David. *Os espaços da Utopia*. In: Espaços da Esperança. São Paulo: Edições Loyola, 2009.

HERSCHMANN, Micael. Apontamentos sobre o crescimento do Carnaval de rua no Rio de Janeiro no início do século 21. Intercom-Revista Brasileira de Ciências da Comunicação, v. 36, n. 2, 2013.

HERSCHMANN, Micael. Ambulantes e prontos para a rua: algumas considerações sobre o crescimento das (neo) fanfarras no Rio de Janeiro. *Logos,* v. 2, n. 24, 2014.

HERSCHMANN, Micael. *Nas bordas e fora do mainstream musical*. Novas tendências da música independente no início do século XXI. São Paulo: Estação das Letras e Cores, 2011.

HERSCHMANN, Micael; CABANZO, Maria Pilar. Contribuições do grupo musical Sogorocosongo para o crescimento do Carnaval de rua e das fanfarras cariocas no início do século XXI. Juiz de Fora. *Lumina*. v.10 n.3, 2016.

HOFF, Tania Marcia Cézar; ROCHA, Rose de Mello. Corpo-mídia e cidade-mídia como instâncias comunicacionais: consumo, imagens e identidade. ALAIC, v.10. n.18 (10), 2013. 124-133p.

JACQUES, Paola Berenstein. *Estética da ginga*: a arquitetura das favelas através da obra de Hélio Oiticica. 4ed. Rio de Janeiro: Casa da Palavra, 2011.

JACQUES, Paola Berenstein. Elogio aos errantes. Salvador: EDUFBA, 2012.

JACQUES, Paola Berenstein. Corpografias urbanas: a memória da cidade no cor-po. In: VELLOSO, Monica Pimenta; ROUCHOU, Joëlle; OLIVEIRA, Cláudia (Orgs.). *Corpo*: identidades, memórias e subjetividades. Rio de Janeiro: Mauad X, 2009. P. 129 – 139

JACOBS, Jane. *Morte e vida de grandes cidades*. São Paulo: Martins Fontes, 2013

JUÇÁ, M. *Circo Voador – A Nave*. Rio de Janeiro: Edição do autor. 2014.

KILOMBA, Grada. *Memórias de plantação*. Rio de Janeiro: Cobogó, 2019.

LEMOS, André. *A comunicação das coisas*: teoria ator-rede e cibercultura. São Paulo: Annablume, 2013.

LEMOS, André. Ciborgues, cartografias e cidades. In: *Revista Comunicação e Linguagens*. Lisboa: Relógio d'Água, 2011

LACERDA, Marcos. *Hotel Universo*: a poética de Ronaldo Bastos. Rio de Janeiro; Azougue Editorial; 2019.

LATOUR, Bruno. *Reagregando o social*: uma introdução à teoria do ator-rede. Salvador: Edufba, 2012.

LA ROCCA, Fabio. *A cidade em todas suas formas*. Porto Alegre: Sulina, 2018.

LA ROCCA, Fábio. A Potência do imaginário em Nápoles: entre músicas e ruas. In: FERNANDES, Cíntia S.; HERSCHMANN, Micael (orgs.) *Cidades Musicais*: Comunicação, Territorialidade e Política. Porto Alegre, Ed. Sulinas, 2018. P. 435 – 447.

LATOUR, Bruno. *Reagregando o social:* uma introdução à teoria do ator-rede. Salvador: Edufba, 2012.

LEFEBVRE, Henri. *O direito à cidade*. São Paulo-SP: Centauro, 2001.

LEVINSON, Bruno; YUKA, Marcelo. *Não se preocupe comigo*. Sextante. Rio de Janeiro, 2014.

LYNCH, Kevin. *A imagem da cidade*. São Paulo: Editora WMF Martins Fontes, 2011.

MANGA, Ana Paula Rodrigues. A poética da viagem em Ana Cristina César. Dissertação de Mestrado - Programa de Pós-Graduação em Letras. PUC-MG, Belo Horizonte, 2007.

MAFFESOLI, Michel. *Homo Eroticus*. Rio de Janeiro: Forense Universitária, 2012.

MAFFESOLI, Michel. *O Tempo das Tribos*. Rio de Janeiro: Forense-Universitária, 1987.

MAFFESOLI, Michel. *Sobre o Nomadismo*: vagabundagens pós-modernas. Rio de Janeiro: RP Record, 2001.

MAGRI, Scheila Mihailenko Chaves. Museu do Amanhã e o Manifesto Futurista: uma reflexão sobre o consumo discursivo de temporalidades e espacialidades. In: ANAIS. XLII Intercom – Sociedade Brasileira de Estudos Interdisciplinares da Comunicação. 2019, BELÉM. – 2 a 7 set. 2019.

MAIA, J.; KRAPP, J. Comunicação e comunidade: novas perspectivas das sociabilidades urbanas. In: FREITAS, R.; NACIF, R. (Org.). *Destinos da cidade*: comunicação, arte e cultura. Rio de Janeiro: EDUERJ, 2005.

MERLEAU-PONTY, Maurice. *O olho e o espírito*. Cosac Naify, 2004

MISSE FILHO, Michel; SOARES, Raquel Paiva de Araujo. A poluição na Baía de Guanabara e a emergência da pauta ambiental no jornal *O Globo*. RECIIS - Revista Eletrônica de Comunicação, Informação e Inovação em Saúde, Rio de Janeiro, v. 14, n. 2, p. 292-306, abr./jun. 2020.

MOTA, Isabela; PAMPLONA, Patrícia. *Vestígios da paisagem carioca*. Rio de Janeiro: Mauad X, 2019.

RABOSSI, Fernando. Negociações, associações e monopólios: a política da rua em Ciudad del Este (Paraguai). *Etnográfica*: Revista do Centro em Rede de investigação em Antropologia. Vol 15. (1). 2011.

REIA, J. *Os Palcos Efêmeros da Cidade*: táticas, ilegalismos e regulação da arte de rua em Montreal e no Rio de Janeiro. Tese de Doutorado. Programa de Pós-graduação da Escola de Comunicação da UFRJ. 2017.

REIA, Jhessica. A cidade como palco: Artistas de rua e a retomada do espaço público nas cidades midiáticas. *Contemporânea*. v. 12, n. 2, 2014.

REIA, Jhessica. A lei no bolso: Música de rua e a luta pelos espaços públicos no Rio Janeiro. In: FERNANDES, Cíntia S.; HERSCHMANN, Micael (orgs.) *Cidades Musicais*: Comunicação, Territorialidade e Política. Porto Alegre, Ed. Sulinas, 2018.

ROCHA, Rose de Melo. Corpos significantes na metrópole discursiva. In: *Significação*. São Paulo: Departamento de Cinema, Rádio e Televisão da ECA/USP, n. 37, 2012.

ROCHA, Rose de Melo. Comunicação e consumo: por uma leitura política dos modos de consumir. In: BACEGGA, Maria Aparecida (Org). *Comunicação e Culturas do Consumo*. São Paulo. Atlas, 2008.

ROCHA, Rose de Melo. Culturas juvenis, consumo e politicidades. In: Inês Sampaio. (Org.). *Comunicação, Cultura e Cidadania*. 1ed.Campinas: Pontes Editores, 2012, v. 1, p. 95-106.

ROCHA, Rose de Melo. Cultura da visualidade e estratégias de (in)visibilidade. E-Compós-7. v.7. 2006.

RODRIGUES, Flávio Lins. *Rock In Rio*: comunicação e consumo no contexto de um grande evento made in Brazil. Tese de Doutorado. Programa de Pós-Graduação em Comunicação e Cultura, Universidade do Estado do Rio de Janeiro, Rio de Janeiro, 2016.

SANCHEZ, Fernanda. A reinvenção das cidades na virada de século: agentes, estratégias e escalas de ação política. *Rev. Sociol. Polit.* [online]. 2001, n.16, pp.31-49.

SANTOS, Milton. *A urbanização brasileira*. 5ª ed., São Paulo: Editora da Universidade de São Paulo, 2018.

SANTOS, Milton. *A natureza do espaço*. São Paulo: Hucitec, 1996.

SANTOS, Milton. *Pensando o espaço do homem*. EdUSP, 2004.

SARLO, Beatriz. *La ciudad vista*. Buenos Aires: Siglo Veintiuno Editores, 2009.

SAVAZONI, Rodrigo. *Os Novos Bárbaros*: a aventura política do fora do eixo. – 1ª ed. Rio de Janeiro: Aeroplano, 2014.

SCARINCI, Dimitri Andrey; JÚNIOR, Nilton Abranches. A rua do Ouvidor enquanto território do Carnaval produzido pelas grandes sociedades do século XIX. *Sociedade e Território* – Natal. Vol. 29, N. 1, p.163 - 182 Jan./Jun. de 2017

SELDIN, Claudia. *Imagens Urbanas e Resistências*: das capitais de cultura às cidades criativas: Rio Books – 1. Edição, 2017.

SILVA, Rafael Freitas da. Rafael Freitas. *O Rio antes do Rio*. Belo Horizonte: Relicário, 2020. 4. ed.

SIQUEIRA, Denise da Costa Oliveira; SIQUEIRA, Euler David de. O corpo como imaginário da cidade. *Revista FAMECOS* (Online), v. 18, p. 657-673, 2011

SIQUEIRA, Silveira Gustavo; Pedro Henrique. *O Carnaval do Rio de Janeiro como uma possibilidade do exercício de direito à cidade. Revista da Faculdade de Direito UFPR*. V.60. N1. 2015.

SIMAS, Luiz Antônio. *O corpo encantado das ruas*. Rio de Janeiro: Civilização Brasileira, 2019.

SOARES, Thiago. *Abordagens teóricas para estudos sobre música pop*. Rio de Janeiro, Logos, v. 2, n. 24, 2014.

SOUZA, Mirian Alves. *Os ciganos Calon do Catumbi*: oficio, etnografia e memória urbana. Dissertação de Mestrado. Programa de Pós-Graduação em Antropologia. UFF, 2016.

STASI, Michele Di. Technocities: Detroit, Berlim e a diáspora. In: FERNANDES, Cintia Sanmartin e HERSCHMANN, Micael (org.). *Cidades Musicais*: Comunicação, Territorialidade e política. Rio de Janeiro: Sulina, 2018. P. 425-434.

STRAW, Will. In: Urbanização da política musical: cidades e a cultura da noite. *Cidades Musicais:* Comunicação, Territorialidade e política. Rio de Janeiro: FERNANDES, Cintia Sanmartin; HERSCHMANN, Micael (org). Sulina, 2018.

VAINER, Carlos. *Cidade de Exceção*: reflexões a partir do Rio de Janeiro. In: ENCONTRO NACIONAL DA ANPUR, 14, 2013. Anais… Rio de Janeiro: ANPUR, 2013

VOGEL, Arno; MELLO, Marco Antônio da Silva, MOLLICA, Orlando. *Quando a rua vira casa*: a apropriação de espaços de uso coletivo em um centro de bairro. Niterói: Eduff, 2017.

VIANNA, Bárbara. *Tijuca ocupada*: a arte no bairro através dos coletivos. Monografia de graduação em Comunicação Social, Jornalismo. Curso de Comunicação Social. UERJ, 2015.

VIVANT, Elza. *O que é uma cidade criativa*. São Paulo, Ed. SENAC, 2011.

VLADI, Nadja. A potência de narrativa político-estética do Baiana System. *Cidades Musicais: Comunicação, Territorialidade e Política*. Rio de Janeiro: FERNANDES, Cintia Sanmartin; HERSCHMANN, Micael. (org). Sulina, 2018. P. 265 – 279.

ZUMTHOR, Paul. *Performance, recepção e leitura*. São Paulo. Ubu Editorial. 2018

FSC
www.fsc.org
MISTO
Papel | Apolando
uma gestão florestal
responsável
FSC® C092828

2023
CARBON
NEUTRAL

SAVE
cerrado

editoraletramento

editoraletramento

grupoletramento

editoraletramento.com.br

company/grupoeditorialletramento

contato@editoraletramento.com.br

casadodireito.com

casadodireitoed

casadodireito

Grupo
Editorial
LETRAMENTO